Publicações RBC

anselmo reichardt

O JOGO da VIDA

Como Kaká e Lúcio,
seja você também um campeão no jogo da vida!

O Jogo da Vida
Copyright © 2010 Anselmo José Reichardt Alves
Editado e publicado por Publicações RBC
sob acordo especial com Anselmo José Reichardt Alves.

Editoração e Revisão: Rita Rosário, Thaís Soler
Projeto gráfico: Audrey Ribeiro
Desenho da capa: Audrey Ribeiro

Imagens: Lúcio © Alberto Martin/epa/Corbis/Latinstock
                        Lúcio © Nic Bothma/epa/Corbis/Latinstock
                        Kaká © Alessandro Della Valle/epa/Corbis/Latinstock
                        Kaká © Matthew Ashton/Icon SMI/Corbis/Latinstock

Dados Internacionais de Catalogação na Publicação (CIP)

Reichardt Alves, Anselmo José, Jogo da Vida — Curitiba/PR Publicações RBC.

1. Esportes
2. Vida Cristã
3. Evangelismo
4. Salvação

Proibida a reprodução total ou parcial, sem prévia autorização, por escrito, da editora.
Todos os direitos reservados e protegidos pela Lei 9.610, de 19/02/1998.
O texto inclui o acordo ortográfico conforme Decreto n.° 6.583/08.

Exceto quando indicado no texto, os trechos bíblicos mencionados são da edição Revista e Atualizada de J. F. de Almeida © 1993 Sociedade Bíblica do Brasil.

O texto inclui o acordo ortográfico conforme Decreto n.° 6.583/08.

Publicações RBC
Rua Nicarágua 2128, Bacacheri, 82515-260 Curitiba/PR, Brasil • (41) 3257-4028
www.publicacoesrbc.com • www.ministeriosrbc.org

ISBN: 978-1-60485-270-7
Código: J5864

Printed in Brazil — Impresso no Brasil

À minha esposa Alessandra, meus filhos Marcello e Paulo Jeremias, que carinhosamente me acompanham nesta jornada.

À minha família do esporte, instrumentos valiosos na vida de milhares de pessoas, que através do futebol se afastam das drogas, marginalidade e violência.

E a você caro leitor, desportista ou não, que deseja conhecer melhor Deus e Sua Palavra, oferecemos estas reflexões.

Sumário

Introdução ——————————— 9

Cláusula 1
Quem é Deus? ——————————— 11

Testemunho: Lúcio ——————————— 21

Cláusula 2
Verdades ——————————— 25

Cláusula 3
Escrituras Sagradas ——————————— 41

Cláusula 4
Salvação ——————————— 53

Cláusula 5
Vida eterna ——————————— 79

Testemunho: Kaká ——————————— 111

Cláusula 6
Contrato simbólico ——————————— 115

Versões bíblicas utilizadas neste livro:

Atualizada: João Ferreira de Almeida; Bíbliaonline.net;

Edição Contemporânea: Editora Vida (2001);

NTLH: Nova Tradução da Linguagem de Hoje (1998);

NVI: Nova Versão Internacional (1993/2000);

RA: Revista e Atualizada — João Ferreira de Almeida (1993);

RC: Revista e Corrigida — João Ferreira de Almeida (1969/1995);

RIB: Revisada Imprensa Bíblica (1967).

Introdução

A COPA DO MUNDO DE FUTEBOL é aguardada com anseio e expectativa em todo o planeta. Por quatro anos inteiros, as seleções almejam entrar nos estádios e receber os aplausos do público. As festas antes das partidas, o colorido das bandeiras nos estádios e cidades, o amor à pátria representado nas camisas, os torcedores, as músicas são sem dúvida, inigualáveis.

Como exércitos que marcham para a batalha são as seleções que suportam pressões nas concentrações, assédio de torcedores e jornalistas, câmeras, autógrafos, gritarias, e enfrentam os agitos no país sede, muitas vezes totalmente atípicos e frenéticos.

Os estádios, antes sem vida, agora são santuários do futebol, lugar de alegria e tristeza, misturadas ao som de gritos e músicas. A incomparável e majestosa Copa do Mundo transforma os homens em heróis, os heróis em vilões com o simples soar de um apito.

Como será entrar em campo, diante de milhares de pessoas que assistem ao vivo e milhões de outras espalhadas pelos quatro cantos do mundo? De onde esses guerreiros buscam suas forças para a batalha do futebol?

Dois dos maiores jogadores brasileiros, acostumados a esse clima singular do futebol, usam as páginas deste livro para relatar o seu testemunho de vida e fé e também qual a fonte de suas forças, motivações e determinação para enfrentar essa gigantesca jornada chamada Copa do Mundo e para triunfar no *Jogo da Vida*.

Cláusula 1

QUEM É DEUS?

Desde a criação da raça humana, existe a crença na figura de um ser superior, dotado de todo o poder, criador e sustentador do universo: um Deus!

Em nome de um deus, o ser humano é capaz das mais nobres atitudes, mas também de atrocidades inigualáveis.

Em nome de um deus se faz a guerra ou pede-se a paz!

Para sabermos quem é Deus, precisamos recorrer às Escrituras Sagradas. Através delas descobrimos que o Senhor, o Deus Todo-Poderoso é eterno, sempre existiu e todas as coisas foram criadas por Ele.

Vamos conferir estas verdades nas Escrituras, observando o que Moisés nos revela a respeito do Senhor no Salmo 90:

> Senhor tu és o nosso refúgio, sempre, de geração em geração. Antes de nascerem os montes e de criares a terra e o mundo, de eternidade em eternidade tu és Deus (Salmo 90:1-2).

Moisés reconhece aqui a eternidade de Deus, o Criador do mundo!

Devido ao egoísmo, o ser humano tem a tendência natural de criar um deus para si, pois fabricando o deus desejado em sua mente, não sente necessidade de mudanças ou transformações em sua vida; podendo julgar o que é certo ou errado sem prestar contas a ninguém. Deus não foi criado. Ele é eterno!

Mas a eternidade é apenas uma de Suas características. Esse mesmo Deus eterno é também onipresente (está presente em todos os lugares) exatamente como lemos no Salmo do rei Davi, onde está escrito:

Para onde poderia eu escapar do teu Espírito? Se eu subir aos céus, lá estás; se eu fizer a minha cama na sepultura, também lá estás. Se eu subir como as asas da alvorada e morar na extremidade do mar, mesmo ali a tua mão direita me guiará e me sustentará (SALMO 139:10).

Podemos não ver ou até mesmo não sentir Sua presença, mas mesmo assim, Deus está em todos os lugares ao mesmo tempo. Algumas pessoas acham que Deus encontra-se limitado em prédios ou templos; e entendem que só ali e naquele momento é que devem seguir Seus preceitos e mandamentos. Não sabem que assim como Davi testemunhou, não há qualquer lugar onde se possa ir que Deus não esteja presente!

Deus é conhecedor de tudo que pensamos e fazemos e nada foge a Seu controle! As Escrituras Sagradas relatam que nada está encoberto aos olhos de Deus. Nada, em toda a criação, está oculto aos olhos de Deus. Tudo está descoberto e exposto diante dos olhos daquele a quem devemos prestar contas.

O Rei Davi diz:

Ó Senhor Deus, tu me examinas e me conheces. Sabes tudo o que eu faço e, de longe, conheces todos os meus pensamentos. Tu me vês quando estou trabalhando e quando estou descansando; tu sabes tudo o que eu faço. Antes mesmo que eu fale, tu já sabes o que vou dizer. Estás em volta de mim, por todos os lados, e me proteges com o teu poder. Eu não consigo entender como tu me conheces tão bem; o teu conhecimento é profundo demais para mim (Salmo 139:1-6).

Mais adiante, ele afirma:

Tu criaste cada parte do meu corpo; tu me formaste na barriga da minha mãe. Eu te louvo porque deves ser temido. Tudo o que fazes é maravilhoso, e eu sei disso muito bem. Tu viste quando os meus ossos estavam sendo feitos, quando eu estava sendo formado na barriga da minha mãe crescendo ali em segredo, tu me viste antes de eu ter nascido. Os dias que me deste para viver foram todos escritos no teu livro quando ainda nenhum deles existia (Salmo 139:13-16).

Você gostaria de descobrir quem é Deus; e conhecê-lo pessoalmente? Saiba que isto é possível; e se você continuar lendo, saberá que estou falando a verdade!

Para adorarmos a Deus, precisamos conhecê-lo verdadeiramente! Mas como conhecê-lo? Leia a história a respeito de um pai que perdeu seu filho num acidente; pois ela ilustra muito bem quem é a pessoa de Deus e o quanto Ele nos ama!

Para melhor compreensão, vamos ilustrar:

Myke era um grande pai; sempre dedicado e atencioso com seu filho. Myke tinha um importante emprego como operador de ponte móvel da ferrovia de sua cidade. Um belo sábado pela manhã Myke levou seu filho Douglas com ele para o trabalho. O dia estava espetacular, único, e prometia ser um dia alegre e especial para Douglas, junto a seu pai no trabalho.

Myke era muito atencioso e logo que chegou começou a mostrar tudo para seu filho. Como funcionava a ponte, quais eram os comandos dados para que ela baixasse, quanto tempo levava para que se erguesse para os barcos passarem. Quando Myke estava explicando como funcionavam as enormes engrenagens que baixavam a ponte, escutou o forte apito do trem, e disse:

— Douglas meu filho, fique aqui, pois tenho que ir baixar a ponte! Estarei olhando você ali da cabine, tudo bem? Enquanto Myke caminhava para a cabine de controle, pensava no quanto amava seu pequeno Douglas. Ao segundo apito o trem anunciava para todos, que estava se aproximando da ponte.

Dentro dele existiam os mais variados tipos de pessoas: pessoas casadas, solteiras, jovens estudantes, crianças, pessoas com problemas familiares, problemas com álcool, drogas, etc., o público era o mais variado possível. Alguns conversavam, outros admiravam a linda paisagem, todos sentados em suas cabines.

Como de costume, Myke iniciou a descida da ponte, o trem se aproximava, a ponte estava baixando, tudo corria como de costume. Quando de repente um grito alto e desesperado chamou a atenção de Myke. Ao olhar para o lugar onde deixara Douglas, o pai viu algo que o marcaria para sempre. O seu único e amado filho Douglas tinha a camiseta presa pelas engrenagens que agora o puxavam para dentro delas! Mais uma vez em meio a tudo isso o apito do trem ressoou dentro da cabine onde Myke trabalhava. O trem estava chegando!

Que decisão Myke deveria tomar agora? Parar a ponte e deixar o trem descarrilar e ver todas aquelas pessoas morrerem, ou continuar descendo a ponte e ver seu filho ser esmagado pelas engrenagens? O que fazer, que atitude tomar?

Enquanto as pessoas passavam sobre a ponte não entendiam porque aquele homem chorava de joelhos ao lado dos trilhos, de maneira tão desesperada.

O título da manchete do jornal da pequena cidade onde Myke morava, agora sem seu amado filho Douglas, estampava PAI DECIDE SALVAR PASSAGEIROS DO TREM E VÊ SEU FILHO SER ESMAGADO PELAS ENGRENAGENS DA ENORME PONTE MÓVEL.

O que podemos aprender com essa história? Ela reflete exatamente o que Deus fez por nós; pois você e eu somos as pessoas no trem da vida!

Deus é Santo, e devido ao pecado a humanidade foi condenada a morrer e ficar separada eternamente de Deus. Alguém teria que pagar o preço dessa condenação e saldar a nossa dívida, mas como?

Para satisfazer a justiça de um Deus Santo, este alguém deveria ser sem pecado, e todos os homens são pecadores. Foi então por amor, que o próprio Deus providenciou a solução. Ele enviou ao mundo o Seu Filho amado, o Seu único Filho, para se fazer pecado por nós. Deus enviou o Seu Filho Jesus que não tinha pecado, para morrer a nossa morte e sofrer a nossa condenação. Jesus veio ao mundo e se deixou morrer na cruz em nosso lugar.

Nós merecíamos a cruz, pois somos pecadores, o sangue que deveria ser derramado era o nosso. Jesus tomou o nosso lugar para que não permanecêssemos eternamente separados de Deus, por causa dos nossos pecados.

Será que agora você consegue entender o que Deus fez por nós?

Deus viu Seu filho ser moído (pregado vivo em uma cruz em nosso lugar), e tudo isso para que todo o ser humano possa passar pela ponte que nos levará à vida eterna. Todos que viajam no trem da vida precisam saber que a cruz é a ponte, e que o sacrifício de Jesus é o único meio de obtermos perdão de pecados e vida eterna. Que o sacrifício dele não seja em vão em sua vida!

Sendo assim, Jesus é a pessoa mais qualificada, que pisou na face da terra, para nos esclarecer o que precisamos saber a respeito do único e verdadeiro Deus.

A melhor descrição feita por Jesus da pessoa de Deus encontra-se num diálogo que Ele teve com uma mulher. Este diálogo foi registrado nas Escrituras Sagradas por um discípulo de Jesus chamado João.

Veja o que o Jesus diz:

Mas à hora vem, e agora é, em que os verdadeiros adoradores adorarão o Pai em espírito e em verdade; porque o Pai procura a tais que assim o adorem. Deus é Espírito, e é necessário que os que o adoram o adorem em Espírito e em verdade (JOÃO CAPÍTULO 4 VERSOS 23 E 24).

Aprendemos com Jesus que há um único Deus, que procura o homem, tentando comunicar-se com ele. Aprendemos também que Deus é Espírito, portanto não pode ser visto ou conhecido através dos olhos humanos. Como você já pôde perceber, o meio que Deus escolheu para se comunicar com a humanidade são as Escrituras Sagradas e principalmente o Seu Filho Jesus. Desta forma, podemos não somente conhecer o único e verdadeiro Deus, mas também a Sua vontade!

Muita gente não tem a menor ideia de quem é Jesus e o que Ele fez; e é por essa razão que jogadores de futebol como o Kaká e o Lúcio fizeram questão de deixar registrado neste livro o testemunho de fé que eles têm em Jesus e nas Escrituras Sagradas!

Muito se fala sobre Jesus, mas para você, quem Ele foi ou quem Ele é?

Um profeta, um homem bom, um grande homem, um santo, um mártir ou quem sabe, até mesmo uma pessoa qualquer?

> MUITO SE FALA SOBRE JESUS, MAS PARA VOCÊ, QUEM ELE FOI OU QUEM ELE É?

Essas podem ser algumas das alternativas apontadas para responder esta questão! Mas afinal, qual é a resposta?

Para jogarmos num time precisamos conhecer o treinador, afinal de contas, quem escolhe os jogadores que poderão jogar em seu time é ele. Por essa razão, precisamos conhecer profundamente quem é o verdadeiro Jesus — o maior treinador e campeão que já pisou na face da Terra.

"A maior vitória da minha vida!"

Lúcio

A MAIOR VITÓRIA DA MINHA VIDA!

Lúcio

NÓS BRASILEIROS SOMOS pessoas muito emocionais, e por essa razão, você deve imaginar a emoção que sentimos quando nossa Seleção entra em campo para disputar uma Copa do Mundo.

Naquele dia que conquistamos o Pentacampeonato em 2002, estávamos todos abraçados no gramado e quase não podíamos nos conter de tanta alegria. Perante os olhos de milhares de pessoas ao redor do mundo éramos o melhor time de futebol. Que sentimento maravilhoso!

Antes mesmo de começar a partida da decisão final contra a Alemanha, tornou-se claro para mim que de algum modo deveria demonstrar minha gratidão a Deus por aquele momento.

Sempre agradeço a Ele de todo o meu coração por tudo que experimento na vida — pelas coisas positivas ou negativas, pois sei que desde o momento em que comecei a me relacionar intimamente com Ele nada me acontece por acaso.

Através da frase *Jesus loves you* (Jesus ama você) impressa em minha camiseta, meu objetivo é mostrar sempre para o mundo inteiro o meu agradecimento a JESUS CRISTO, o Filho de Deus. Quero também incentivar outras pessoas a experimentarem este relacionamento de amor que tenho vivido com Ele!

Desde que passei a ter um relacionamento pessoal com Jesus, entendo cada vez mais o que realmente é importante nesta vida e qual a maior vitória que alguém pode conquistar!

Muitos torcedores pensam que nós, jogadores profissionais, somos felizes somente porque ganhamos muito dinheiro e podemos comprar tudo que desejamos. Que grande erro!

Não podemos comprar a verdadeira felicidade com dinheiro algum deste mundo. Estou falando do sentimento de pertencer a família de Deus, e de não mais ser necessário procurar o verdadeiro sentido para a vida. Há muitos anos DEUS tem sido um verdadeiro Pai para mim, bem da maneira como está escrito na oração do Pai Nosso. Jesus vive e é para mim o melhor amigo e o fiel companheiro de todas as ocasiões.

Ele sempre esteve presente ao meu lado, seja em momentos de derrota ou quando ergui o troféu da vitória do Pentacampeonato no Japão. Ele ainda estará comigo mesmo no dia, em que meu nome tiver sido esquecido por todos há muito tempo.

Hoje sou imensamente feliz por ter decidido entregar minha vida completamente a JESUS. Esta decisão é uma questão de confiança, e me dá segurança saber que JESUS me ama incondicionalmente, mesmo que às vezes eu tente levar a vida do meu modo.

Após o momento em que deixei meu coração ser inundado pelo amor de Jesus, tornei-me uma pessoa totalmente diferente. Ele me deu a alegria de ter uma mulher especial e filhos maravilhosos. Meu coração se encheu de paz porque entendi que Jesus me ama muito mais do que eu consigo amar minha própria família!

Eu também sou imensamente grato a Jesus pelos dons, talentos e habilidades que possuo, os quais me permitem trabalhar e sustentar minha família.

Encontrei o caminho da realização pessoal e da felicidade somente porque fiz aquilo que Jesus disse na Bíblia:

Entrega o teu caminho ao Senhor; confia nele, e o mais ele o fará (SALMO 37:5).

Cláusula 2

VERDADES

PRIMEIRA VERDADE:
Precisamos aprender que Jesus é Deus!

Agora, depois de tudo que você já leu; esta afirmação pode lhe parecer muito estranha, porém isto nos é revelado e claramente explicado através das Escrituras Sagradas, confira comigo:

No evangelho escrito pelo apóstolo João, podemos ter uma noção mais profunda de quem é Jesus. Vejamos o relato:

> *No princípio era aquele que é a Palavra. Ele estava com Deus, e era Deus. Ele estava com Deus no princípio. Todas as coisas foram feitas por intermédio dele; sem ele, nada do que existe teria sido feito. Nele estava a vida, e esta era a luz dos homens. A luz brilha nas trevas, e as trevas não a derrotaram* (João 1:1-5 NVI).
>
> *Houve um homem chamado João, que foi enviado por Deus* (João 1:6).
>
> *Este veio como testemunha, a fim de dar testemunho da luz, para que todos cressem por meio dele. Ele não era a luz, mas veio para dar testemunho da luz. Pois a verdadeira luz, que alumia a todo homem, estava chegando ao mundo* (João 1:7-9 Atualizada). *(O texto original refere-se a João Batista, não a Jesus. Por essa razão, no verso seguinte o apóstolo João preocupa-se em esclarecer).*
>
> *Aquele que é a Palavra estava no mundo, e o mundo foi feito por intermédio dele, mas o mundo não o reconheceu* (João 1:10 NVI).
>
> *Veio para o que era seu, e os seus não o receberam. Mas, a todos quantos o receberam, aos que creem no seu*

nome, deu-lhes o poder de se tornarem filhos de Deus (JOÃO 1:11-12 ATUALIZADA).
...os quais não nasceram do sangue, nem da vontade da carne, nem da vontade do homem, mas de Deus (JOÃO 1:13).
Aquele que é a Palavra tornou-se carne e viveu entre nós. Vimos a sua glória, glória como do Unigênito vindo do Pai, cheio de graça e de verdade (JOÃO 1:14 NVI).

Vimos no evangelho de João no capítulo 1 verso 1, que Jesus é a "Palavra" e também que Ele é Deus. Simplifiquemos então: Jesus e Deus são iguais!

Para nós humanos 1+1 = 2, mas para Deus 1+1 pode ser igual a 1.

Logo, Deus + Cristo = um só Deus.

Se sua mente está confusa; não desanime!

Para entendermos melhor esta verdade, precisamos olhar para a humanidade e divindade de Cristo.

A DIVINDADE DE JESUS CRISTO

Para entendermos sobre a divindade de Jesus, falaremos, primeiramente, porque Ele é chamado pelo apóstolo João de *a Palavra!*

Através de verbos ou de palavras podemos comunicar ou expressar ações que estão na mente ou no coração. Jesus é o meio de comunicação do amor de Deus à humanidade.

Façamos um exercício mental: Tente montar uma frase que não tenha verbo. O que acontece com esta frase? Não faz sentido, não comunica, é sem vida! E é isso que João

Verdades

demonstra ao escrever que Jesus é a Palavra ou o Verbo de Deus. Assim como uma frase sem verbo não faz sentido, a vida sem Jesus também não faz!

Nos versos 3 e 4 o apóstolo João fala que todas as coisas foram feitas por intermédio dele e que nele estava a vida. Então sem Jesus não há vida plena! João nos revela que Jesus é a Palavra que saiu da boca de Deus e sabemos que a boca fala do que há no coração. Ou seja, Jesus é a mente de Deus, a vontade de Deus, os pensamentos de Deus, os sentimentos de Deus, os desejos de Deus, os planos e projetos de Deus, que se materializaram numa pessoa. No verso 14, João afirma que o *Verbo ou Palavra de Deus se transformou em carne e sangue*, ou seja, num ser humano.

Então você ainda pode estar se perguntando: Afinal, Jesus e Deus são deuses diferentes? Não! Jesus é distinto (separado) de Deus, são duas pessoas, mas possuem um relacionamento pessoal tão íntimo que se tornam Um. Cristo participa da própria natureza de Deus.

> ELES TÊM A MESMA ESSÊNCIA! AS AÇÕES E PALAVRAS DE JESUS SÃO AS AÇÕES E PALAVRAS DO DEUS PAI.

Eles têm a mesma essência! As ações e palavras de Jesus são as ações e palavras do Deus Pai.

No evangelho de João 3:16, Jesus nos é revelado como o amor de Deus pela humanidade. Assim está escrito:

Porque Deus amou o mundo de tal maneira, que deu o Seu Filho único, para que todo aquele que Nele crê não pereça, mas tenha vida eterna (JOÃO 3:16).

Portanto Jesus é o resultado do amor de Deus por mim e por você, logo, por toda a humanidade. Concluímos então, que Jesus é o próprio Deus encarnado em forma humana, Jesus é Deus! Eles são distintos (separados um do outro), porém são iguais em essência!

Você pode perguntar: Por que então Ele é chamado de Filho de Deus?

Porque essa é a maior expressão de amor na terra, o amor entre pais e filhos, e o filho é a continuação do pai. Deus assim o definiu, para que entendêssemos a unidade que existe entre o Deus Pai, e Jesus, o Deus Filho!

Nós humanos (pais e filhos) não podemos ser iguais, somos apenas parecidos uns com os outros porque somos imperfeitos, mas Deus e Jesus podem ser exatamente iguais, porque ambos são perfeitos!

Para encerrar este assunto de forma clara, leia os textos em seguida, escritos pelo apóstolo João:

Eu e o Pai somos um (JOÃO 10:30).

Ninguém jamais viu a Deus, mas o Deus Unigênito, que está junto ao Pai, o tornou conhecido (JOÃO 1:18).

Jesus é Deus!

A Humanidade de Cristo

Você pode estar pensando: "Jesus, o Filho de Deus, veio à terra, mas não sabe o que eu sinto ou passo, porque Ele era Deus e suportava tudo em virtude dos Seus poderes." Mas isto não é verdade! Jesus abriu mão dos Seus poderes durante o período em que esteve aqui na terra, que só eram usados com a permissão do Pai para determinados fins. *Mas Ele sentiu tudo o que nós sentimos!* Assim está escrito:

> *Seja a atitude de vocês a mesma de Cristo Jesus, que embora sendo Deus, não tentou permanecer igual a Deus; antes, esvaziou-se de si mesmo, assumindo a forma de servo, tornando-se semelhança de homens; e, reconhecido em figura humana, a si mesmo se humilhou, tornando-se obediente até à morte e morte de cruz* (Filipenses 2:5-8).

Vamos analisar isto mais detalhadamente!

Jesus sentiu tristeza diante da morte de uma pessoa amada
Ele chorou diante da morte de Lázaro, seu grande amigo, conforme está relatado no evangelho de João que afirma:

> *Jesus viu Maria chorando e viu as pessoas que estavam com ela chorando também. Então ficou muito comovido e triste e perguntou: Onde foi que vocês o sepultaram? Venha ver, senhor! — responderam. Jesus chorou. Então as pessoas disseram: Vejam como ele amava Lázaro!* (João 11:33-36).

Jesus foi tentado a pecar e teve fome

Jesus foi tentado pelo Diabo e teve fome, o evangelista Mateus diz:

> *Então o Espírito Santo levou Jesus ao deserto para ser tentado pelo Diabo. E, depois de passar quarenta dias e quarenta noites sem comer, Jesus estava com fome* (MATEUS 4:1-2).

Jesus sentiu a dor do abandono

Jesus se sentiu abandonado até pelo próprio Pai, que permitiu que Ele fosse para a cruz, com propósitos eternos (nossa salvação). E, enquanto estava na cruz, vemos o seu brado de solidão.

> *Às três horas da tarde, Jesus gritou bem alto: Eli, Eli, lemá sabactani? Essas palavras querem dizer: Deus meu, Deus meu, por que me abandonaste?* (MATEUS 27:46).

Após ler tudo isso, entendemos que Jesus viveu o topo da saúde intelectual, emocional e social, num ambiente em que tinha todos os motivos para ser uma pessoa deprimida e ansiosa. Viveu o ápice da tolerância, da solidariedade e da paciência, numa situação em que só era possível se esperar que Ele desenvolvesse uma personalidade irritada, intolerante, impulsiva. Ele é o personagem mais famoso da história da humanidade, mas, provavelmente, o menos conhecido em termos de Seus valores na individualidade.

Ninguém foi alvo de tantos livros e filmes como Ele. Muitos sabem que Ele revolucionou a história da humanidade, mas não sabem que até hoje Jesus continua revolucionando a vida de pessoas que se rendem ao Seu senhorio e aos Seus ensinos. (AUGUSTO CURY)

Além de tudo isso que acabamos de ler, Jesus Cristo foi humilhado, esbofeteado, flagelado e teve a mais dolorida de todas as mortes — por crucificação.

Ele não precisava passar por isso, pois é o Deus Filho. Relembrando, esse foi o meio escolhido por Deus Pai, para trazer a maior conquista para a humanidade: o perdão dos pecados!

Também já vimos que alguém tinha que pagar o preço de nossos pecados e da nossa condenação. E Jesus foi quem tomou o nosso lugar na cruz, fazendo o *Gol de Placa*, sendo condenado em nosso lugar e morrendo a nossa morte!

É por isso e, muito mais, que Jesus tem autoridade para ser nosso *Treinador no Jogo da Vida*, pois além de jogar como ninguém, sendo o nosso maior exemplo, ainda nos ensinou a viver, enfrentar e vencer nossos maiores adversários: o diabo, o mundo, a carne, o pecado, o inferno e a morte eterna!

Talvez seja difícil para a mente humana entender, mas, Jesus era 100 por cento homem e 100 por cento Deus!

> JESUS FOI QUEM TOMOU O NOSSO LUGAR NA CRUZ, FAZENDO O *GOL DE PLACA*, SENDO CONDENADO EM NOSSO LUGAR E MORRENDO A NOSSA MORTE!

SEGUNDA VERDADE:
PRECISAMOS SABER QUE JESUS SEMPRE EXISTIU, ELE É ETERNO!

Nas Escrituras Sagradas, encontramos duas vezes estas palavras: *no princípio*. Ambas se referem a tempos diferentes (um descrito por João e outro por Moisés). Estudaremos os dois casos:

Este *no princípio* a que se refere o apóstolo João, nos versos 1 e 2, é de antes da criação do Universo. João afirma que Jesus já estava com Deus antes de toda a criação. No verso 3 lemos que todas as coisas foram feitas por intermédio dele, e no verso 10 João reafirma que o mundo foi feito por intermédio dele.

Jesus existe desde antes da criação do universo. Você sabia disso?

> **JESUS EXISTE DESDE ANTES DA CRIAÇÃO DO UNIVERSO.**

Para reforçar o que aprendemos até aqui é importante olharmos atentamente para a criação do Universo, descrita por Moisés!

Vemos no livro escrito por Moisés, Gênesis 1:1 que:

No princípio Deus criou os céus e a terra...

Ao descrever este *no princípio,* Moisés refere-se a toda a Criação (Cosmos). Em seguida, em Gênesis 1:26 Deus afirma:

Agora vamos fazer os seres humanos, que serão como nós, que se parecerão conosco.

Quando Deus estava criando o Universo e a humanidade, note que Ele sempre fala no plural, — vamos, como nós, parecerão conosco.

É fácil concluir que na criação de todas as coisas Jesus estava com Deus.

Por isso, no evangelho de João o texto afirma:

No princípio era aquele que é a Palavra, e Ele estava com Deus, e Ele era Deus (JOÃO 1:1).

Este no *princípio* mencionado por João é anterior ao no *princípio* mencionado por Moisés no livro de Gênesis, comprovando assim que Jesus sempre existiu!

Podemos ver no evangelho de João claramente que Jesus nos é apresentado como "Palavra de Deus", sendo possuidor de uma existência eterna. O apóstolo Paulo reforça que Deus criou tudo por intermédio de Jesus e para Jesus, dizendo:

Pois por meio Dele, Deus criou tudo no céu e na terra, tanto o que se vê como o que não se vê inclusive todos os poderes espirituais, as forças, os governos e as autoridades. Por meio Dele e para Ele, Deus criou todo o universo. Antes de tudo, Ele já existia, e, por estarem unidas com Ele, todas as coisas são conservadas em ordem e harmonia (COLOSSENSES 1:16-17).

Portanto, por Jesus tudo foi criado, e Ele sustenta tudo!

Observe o que está escrito no livro de Apocalipse 22:13, no qual o próprio Cristo afirma: *Eu sou o Alfa e o Ômega, o primeiro e o último, o princípio e o fim.*

> PORTANTO, POR JESUS TUDO FOI CRIADO, E ELE SUSTENTA TUDO!

Jesus veio ao mundo em forma de homem através do ventre de Maria, serva do Senhor; mas José, Maria, toda a humanidade e todo o Universo foram criados por Ele mesmo. Afinal de contas, como já vimos, Jesus Cristo foi quem criou e sustenta todo o Universo e todos os seres que nele habitam. Ele existe desde sempre!

Aprendemos então que Jesus é infinito, não tendo começo nem fim. Ele não foi criado, Ele é!

TERCEIRA VERDADE:
PRECISAMOS SABER QUE JESUS É VIDA!
Como vimos, sem Jesus a vida não tem sentido!

Jesus não disse: Eu prometo, nem Eu procuro, nem Eu trago. Mas Ele disse: Eu sou a vida!

No evangelho de João encontramos a afirmação de Jesus:

Nele estava a vida, e a vida era a luz dos homens (JOÃO 1:4).

No mesmo evangelho, João registra as palavras do próprio Jesus, que disse:

Eu sou o caminho, a verdade, e a vida; ninguém vem ao Pai, senão por mim (JOÃO 14:6).

Aqui se faz necessário uma pausa! Podemos perceber claramente que não há comunicação com Deus, a não ser por intermédio de Jesus. Muitos tentam se comunicar com o único Deus Todo-Poderoso através de vários meios. Podem até comunicar-se com "falsos deuses", ver e ouvi-los, e experimentar coisas sobrenaturais. Porém, não conseguem comunicar-se com o verdadeiro Deus, Criador e Sustentador de todo o Universo; pois o único meio de se relacionar com Ele, segundo o Seu próprio Filho afirma, é através dele mesmo — Jesus!

Nem todo o sobrenatural que vemos por aí vem de Deus. A Palavra de Deus nos mostra que o Diabo também faz coisas sobrenaturais, tentando se passar pelo Deus eterno, disfarçando-se de Anjo de Luz. O apóstolo Paulo afirma dizendo:

Isto não é de admirar, pois o próprio Satanás se disfarça de anjo de Luz (2 CORÍNTIOS 11:14).

Para chegar ao céu, alguns líderes religiosos oferecem muitos caminhos, mas todos são falsos, porque Jesus é o único caminho! Nenhum líder espiritual, nenhuma Igreja, nenhuma religião, nenhuma pessoa ou instituição, pode levar o homem para o céu. Apenas o Senhor Jesus tem esse poder!

Jesus, da mesma maneira que o Pai, é a fonte da vida! O apóstolo João registra as seguintes palavras de Jesus:

Assim como o Pai é a fonte da vida, assim também fez o Filho ser a fonte da vida (João 5:26).

Ele também nos diz que Jesus Cristo tem a capacidade de trazer luz à vida dos homens, dando o verdadeiro sentido para a vida física e espiritual, pois somente Ele é a luz que ilumina as trevas do coração humano.

Portanto, não é possível experimentar a vida que Deus tem planejado para o homem, sem a presença de Jesus! Ele não somente é a vida, mas é o doador da vida!

> NÃO É POSSÍVEL EXPERIMENTAR A VIDA QUE DEUS TEM PLANEJADO PARA O HOMEM, SEM A PRESENÇA DE JESUS!

Você sabia que todo ser humano é criatura de Deus, e não filho? Saiba que apenas aqueles que creem em Jesus Cristo são considerados filhos de Deus!

Essa não é simplesmente a verdade de um líder espiritual, de uma igreja ou de uma religião: é a verdade de Deus e da Sua própria Palavra!

Quando recebemos Jesus, deixamos de ser apenas criaturas, passando à condição de filhos, conforme a promessa de Jesus onde o apóstolo diz:

Mas, a todos quantos o receberam, deu-lhes o poder de se tornarem filhos de Deus; aos que creem no nome do seu Filho (João 1:12).

Se já vivemos na condição de filhos, somos exortados pelo próprio Senhor Jesus a pregar o Evangelho dele à toda criatura. Podemos ler no evangelho de Marcos 16:15-16, que Jesus dá uma ordem aos Seus seguidores, pouco antes de subir aos céus, após ter ressuscitado:

Disse-lhes Jesus: Vão por todo o mundo, e anunciem o evangelho a toda criatura. Quem crer e for batizado será salvo; mas quem não crer será condenado.

É o próprio Jesus quem afirma que os que não creem nele, são apenas criaturas, e não filhos de Deus! Saiba que não basta nascer apenas da carne (relação sexual entre homem e mulher) para ser considerado filho de Deus. É preciso nascer de novo (nascer do alto), nascer espiritualmente de Deus, conforme Jesus disse a um homem chamado Nicodemos:

Digo-lhe a verdade: Ninguém pode ver o Reino de Deus, se não nascer de novo [...] Não se surpreenda pelo fato de eu ter dito: É necessário que vocês nasçam de novo (JOÃO 3:3, 7 NVI).

É preciso ser lavado pela Palavra de Deus, que purifica o espírito, e receber o Espírito Santo de Deus em seu coração. E isso acontece quando recebemos Jesus como Salvador e Senhor de nossas vidas!

A partir do momento que iniciamos uma nova vida com Cristo, nascemos do Espírito, nascemos do alto e os nossos valores de vida, a partir de então, são medidos por Jesus e pela Palavra de Deus!

Só nele podemos ter vida verdadeira, plena e eterna!

Você deseja ser e viver verdadeiramente como um filho de Deus? Então ore e convide o Senhor Jesus para morar em seu coração. Ele está junto de você e sempre esperou pelo momento oportuno para entrar em sua vida e viver em você. Convide-o para ser o seu Salvador e Senhor!

> **SÓ NELE PODEMOS TER VIDA VERDADEIRA, PLENA E ETERNA!**

Esta é mais uma verdade oculta aos olhos humanos, que nos é revelada por Deus Filho através da Sua Palavra. Por esse motivo, é importante estudarmos as Escrituras Sagradas.

Sem conhecermos as regras do jogo, não podemos nem jogar, e muito menos, fazer parte de um time. Na Bíblia aprendemos como jogar o *Jogo da Vida* e a sermos mais do que vencedores!

Cláusula 3

ESCRITURAS SAGRADAS

O QUE É A BÍBLIA?

Para melhor compreensão, vamos ilustrar:

Uma mãe reparou que sua filha sempre pedia para fazer as tarefas escolares na casa de uma das amigas. Certo dia a mãe pediu-lhe que trouxesse sua amiga para fazer a tarefa em sua casa, mas a filha rejeitou a ideia. A mãe continuou insistindo até que em determinado momento, desconfiada perguntou:

— Por que você não quer chamá-la para fazer as tarefas aqui em nossa casa?

A filha já com a cabeça baixa respondeu:

— Mamãe, eu sinto vergonha da senhora!

A mãe então com o coração apertado e lágrimas em seus olhos perguntou:

— Mas por que motivo você sente vergonha de sua mãe, filha, o que fiz de errado para você pensar assim?

E a filha ainda cabisbaixa, respondeu:

— Mãe, sinto vergonha das marcas de queimadura que a senhora tem em seus braços! A mãe então, sentou-se ao chão ao lado de sua filha e disse:

— Você sabe por que a mamãe tem os braços assim?

— Não mãe, por quê?

— Porque um dia quando você ainda era bebê, nada tínhamos em casa para você comer, então fui correndo à padaria da esquina comprar leite para saciar a sua fome. Ao chegar à padaria, a fila estava enorme, tive que esperar por algum tempo até conseguir comprar o leite. Quando estava voltando para casa, notei que havia caminhões de bombeiros e muitas pessoas aglomeradas e vi também muita fumaça. Ao me aproximar, percebi que nossa casa estava em chamas. Larguei tudo e saí correndo em direção à porta. Os bombeiros tentaram me impedir, mas consegui me soltar e entrar em casa. Corri em direção ao quarto onde a havia deixado. Ao vê-la, percebi que uma viga em chamas estava caindo sobre você, rapidamente estendi meus braços e segurei a viga. Consegui levá-la para fora e salvar sua vida! É por isso minha filha, que tenho estas marcas em meus braços, foi para salvar você que me queimei e estou assim hoje.

A filha já chorando e sentindo muita vergonha do que tinha dito falou para sua mãe:

— Mamãe, nunca mais terei vergonha da senhora, pelo que a senhora fez por mim!

Esta história reflete o sentimento de muitas pessoas em relação a Jesus e Sua Palavra (a Bíblia Sagrada). Quantas pessoas têm vergonha de se tornarem seguidoras de Jesus e de Sua Palavra sem reconhecer a grandiosidade do sacrifício que Ele fez por nós!

Talvez você, meu caro leitor, tenha vergonha de carregar uma Bíblia na mão, preocupado com o que pensarão a seu respeito! Pois você pode estar se comportando exatamente como a menina da história acima, agindo de forma errada em relação a Jesus e à Bíblia Sagrada. Nela, descobrimos o projeto de Deus para a vida humana. Vamos conhecer melhor a Bíblia! A pergunta sempre fica: Quem escreveu? Quando foi escrita? É confiável? É atual? Jesus diz que cometemos erros na vida por não conhecermos a Palavra de Deus, como está escrito no livro de Mateus.

Respondeu-lhes Jesus: Errais (vocês cometem erros na vida), não conhecendo as Escrituras nem o poder de Deus (MATEUS 22:29).

Examinando o contexto no qual estas palavras de Jesus estão inseridas, percebemos que Ele as falou aos saduceus — homens que conheciam profundamente a Palavra de Deus. Apesar do conhecimento intelectual das Escrituras Sagradas, os mestres não conheciam a aplicação da Palavra de Deus, ou seja, não a praticavam!

Os saduceus conheciam parte das Escrituras, porém, não viviam o que conheciam. Hoje não é diferente, por causa de muitos cristãos que não praticam ou distorcem a Palavra de Deus, muitos não dão crédito às palavras de Jesus, e não descobrem que Ele é o único meio de salvação: do inferno, da escravidão do pecado e da morte eterna.

A Bíblia não apenas contém a Palavra de Deus, ela é a Palavra de Deus! A Bíblia é a mensagem de Deus aos homens de todas as épocas, transmitida muitas vezes e de maneiras diferentes, cujas profecias foram cumpridas e encarnadas em Cristo. Vejamos o que a própria Bíblia fala a este respeito:

Havendo Deus antigamente falado muitas vezes, e de muitas maneiras, aos pais, pelos profetas, nestes últimos dias a nós nos falou pelo Filho, a quem constituiu herdeiro de todas as coisas, e por quem fez também o mundo (HEBREUS 1:1-2).

A Bíblia compõe-se de duas partes principais: o Antigo Testamento e o Novo Testamento, o qual relata a aliança que Deus fez com a humanidade.

O Antigo Testamento foi escrito pela comunidade judaica, e por ela preservado, por um milênio ou mais antes da era de Jesus. Já o Novo Testamento foi escrito pelos discípulos de Jesus Cristo ao longo do primeiro século, depois da Sua vinda à Terra.

O Antigo Testamento é composto por 39 livros e o Novo Testamento por 27 livros. A Bíblia foi dada ao povo judeu por escolha divina. Foi Deus quem escolheu o povo, a cultura e a língua em que a Bíblia seria originalmente escrita. Ninguém tem o direito de tirar ou acrescentar algo além daquilo que Deus revelou. Quem cometer esse erro sofrerá as consequências conforme afirmação descrita em Apocalipse:

Declaro a todos os que ouvem as palavras da profecia deste livro: Se alguém lhe acrescentar algo, Deus lhe acrescentará as pragas descritas neste livro. Se alguém tirar alguma palavra deste livro de profecia, Deus tirará dele a sua parte na árvore da vida e na cidade santa, que são descritas neste livro (APOCALIPSE 22:18-19 NVI).

João não se refere apenas ao livro de Apocalipse, pois este livro contém mensagens do Antigo e do Novo Testamento. Por essa razão, podemos concluir que esta palavra faz menção a toda a Bíblia.

A Bíblia é singular; ela foi literalmente soprada por Deus.

Duas passagens na Bíblia comprovam isto:

Toda a Escritura é inspirada por Deus e útil para o ensino, para a repreensão, para a correção, para a instrução na justiça (2 TIMÓTEO 3:16 NVI).

Porque a profecia nunca foi produzida por vontade dos homens, mas os homens da parte de Deus falaram movidos pelo Espírito Santo (2 PEDRO 1:21).

Os profetas eram homens, cujas mensagens não se originavam de seus próprios impulsos, mas lhes eram *sopradas* pelo Espírito Santo de Deus. Através de revelações, Deus falou aos profetas de muitas maneiras; mediante anjos, visões, sonhos, vozes, milagres, etc.

Quando o Novo Testamento se utiliza da palavra *inspiração*, ela se aplica aos escritos, não aos escritores. O produto é inspirado, e não os produtores! Uma evidência mais formal da inspiração da Bíblia está em sua unidade. Sendo composta por 66 livros escritos ao longo de 1500 anos, por cerca de 40 escritores, em diversas línguas: A Bíblia apresenta uma espantosa unidade temática:

Um problema — o pecado.

Uma solução — o Salvador Jesus Cristo.

Devemos considerar esse enorme tempo e grande número de escritores. Nenhum deles sabia que seus escritos fariam parte da Bíblia. Entretanto, não se contradizem, apesar dos muitos séculos de diferença entre uns e outros.

O Antigo Testamento é a preparação para a vinda de Jesus. Cerca de cinco vezes no Novo Testamento Jesus afirmou ser Ele próprio o tema do Antigo Testamento, vejamos dois desses textos:

> *E, começando por Moisés, e por todos os profetas, explicou-lhes o que dele se achava em todas as Escrituras* (LUCAS 24:27).

> *Vocês estudam cuidadosamente as Escrituras, porque pensam que nelas vocês têm a vida eterna. E são as Escrituras que testemunham a meu respeito* (JOÃO 5:39 NVI).

Jesus Cristo é o motivo central de tudo o que encontramos na Bíblia, Ele é o centro e as Escrituras tratam e profetizam sobre Ele. Todas as profecias que constam nos escritos da Bíblia se cumpriram com 100 por cento de precisão, enquanto outras, ainda estão para se cumprir, mas, através dos fatos é evidente que se cumprirão!

Analisaremos uma das muitas profecias já cumpridas. Olhe o que o profeta Isaías escreve acerca de Jesus:

Quem poderia crer naquilo que acabamos de ouvir? Quem diria que o Senhor estava agindo? Pois o Senhor quis que o seu servo aparecesse como uma plantinha que brota e vai crescendo em terra seca. Ele não era bonito nem simpático, nem tinha nenhuma beleza que chamasse a nossa atenção ou que nos agradasse. Ele foi rejeitado e desprezado por todos; ele suportou dores e sofrimentos sem fim. Era como alguém que não queremos ver; nós nem mesmo olhávamos para ele e o desprezávamos.

No entanto, era o nosso sofrimento que ele estava carregando, era a nossa dor que ele estava suportando. E nós pensávamos que era por causa das suas próprias culpas que Deus o estava castigando, que Deus o estava maltratando e ferindo. Porém ele estava sofrendo por causa dos nossos pecados, estava sendo castigado por causa das nossas maldades. Nós somos curados pelo castigo que ele sofreu, somos sarados pelos ferimentos que ele recebeu. Todos nós éramos como ovelhas que se haviam perdido; cada um de nós seguia o seu próprio caminho. Mas o Senhor castigou o seu servo; fez com que ele sofresse o castigo que nós merecíamos. Ele foi maltratado, mas aguentou tudo humildemente e não disse uma só palavra. Ficou calado como um cordeiro que vai ser morto, como uma ovelha quando cortam a sua lã. Foi preso, condenado e levado para ser morto, e ninguém se importou com o que ia acontecer com ele. Ele foi expulso do mundo dos vivos, foi morto por causa dos pecados do nosso povo. Foi enterrado ao lado de criminosos, foi sepultado com os ricos, embora nunca tivesse cometido crime nenhum, nem tivesse dito uma só mentira. O Senhor Deus diz: "Eu quis maltratá-lo, quis fazê-lo sofrer. Ele ofereceu a sua vida como sacrifício para tirar pecados e por isso terá uma vida longa e verá os seus descendentes. Ele fará com que o meu plano dê certo. Depois de tanto sofrimento, ele será feliz; por causa da sua dedicação, ele ficará completamente satisfeito. O meu servo não tem pecado, mas ele sofrerá o castigo que muitos merecem, e assim os pecados deles serão perdoados. Por isso, eu lhe darei um lugar de honra; ele receberá a sua recompensa junto com os grandes e os poderosos. Pois ele deu a sua própria vida e foi tratado como se fosse um criminoso. Ele levou a culpa dos pecados de muitos e orou pedindo que eles fossem perdoados (ISAÍAS 53:1-12 NTLH).

Isaías descreve a vida de Jesus e Sua obra pela humanidade, como Servo Sofredor, já apontando para a Sua morte sacrificial, por causa dos nossos pecados. Tudo isto com 100 por cento de acerto. O imperador romano Diocleciano no ano 303 d.C como tantos outros, tentou exterminar a Bíblia. No entanto, a Bíblia é hoje o livro mais impresso e divulgado no mundo. Jesus manifestou-se a seu respeito, afirmando:

Passará o céu e a terra, porém as minhas palavras não passarão (MARCOS 13:31 ATUALIZADA)

A Bíblia não contém contradições, ela é perfeita. Diz o contrário, somente quem não a conhece. A inerrância é consequência lógica da inspiração divina. Apesar de a Bíblia ser o livro mais divulgado e o mais lido no mundo, é também o menos praticado. Muitos dizem que creem, todavia, não se submetem aos seus ensinos:

Não se enganem; não sejam apenas ouvintes dessa mensagem, mas a ponham em prática (Tiago 1:22).

A maturidade e o equilíbrio cristão são alcançados através do conhecimento e prática da Palavra de Deus. Conhecendo-a evitaremos pisar em buracos e saberemos qual o rumo certo que devemos tomar na vida, pois a Palavra é lâmpada para iluminar o caminho por onde passaremos, e luz para indicar a direção que devemos seguir, enfim, é a nossa bússola!

> **A MATURIDADE E O EQUILÍBRIO CRISTÃO SÃO ALCANÇADOS ATRAVÉS DO CONHECIMENTO E PRÁTICA DA PALAVRA DE DEUS.**

Contudo, nem todos pensam assim, alguns afirmam que a Bíblia é um absurdo, uma loucura. A Palavra de Deus foi escrita para os que são ou se tornarão filhos de Deus. Ela serve como única regra de fé e prática da vida de um filho de Deus.

Como já vimos no evangelho de João — Jesus é a Palavra de Deus encarnada num ser humano, o apóstolo João registrou as palavras de Jesus, quando Ele disse que seremos julgados pela própria Palavra de Deus. Veja o que Jesus diz:

Eu vim ao mundo como luz para que quem crê em mim não fique na escuridão. Se alguém ouvir a minha mensagem e não a praticar, eu não o julgo. Pois eu vim para salvar o mundo e não para julgá-lo. Quem me rejeita e não aceita a minha mensagem já tem quem vai julgá-lo. As palavras que eu tenho dito serão o juiz dessa pessoa no último dia (JOÃO 12:46-48 RC).

Hoje muitos não se submetem ao senhorio de Jesus Cristo. Afirmam que creem, mas não deixam que Ele seja realmente o Senhor. Jesus veio para salvar o pecador! E a Bíblia foi escrita para nos mostrar o caminho da salvação e nos apresentar o Salvador.

Respondeu-lhe Jesus: Eu sou o caminho, e a verdade, e a vida; ninguém vem ao Pai senão por mim (JOÃO 14:6 ATUALIZADA).

Jesus também disse:

...e conhecereis a verdade, e a verdade vos libertará (JOÃO 8:32).

Deixe que Jesus o liberte e lhe dê a vida — vida eterna. Deus e o homem possuem um inimigo, e o objetivo deste inimigo é nos afastar das Escrituras Sagradas para não conhecermos o caminho para o céu. A própria Palavra de Deus nos revela este fato; confira no texto a seguir:

Escrituras Sagradas

... nos quais o deus deste século (o Diabo) cegou o entendimento dos incrédulos, para que lhes não resplandeça a luz do evangelho da glória de Cristo, o qual é a imagem de Deus (2 CORÍNTIOS 4:4).

Você é quem vai decretar como passará a sua eternidade, crendo ou não nas Escrituras!

Conheça a verdade e saiba do que precisamos ser salvos ou então de quem. Há realmente a necessidade da salvação ou você acha que não há vida após a morte?

> **VOCÊ É QUEM VAI DECRETAR COMO PASSARÁ A SUA ETERNIDADE, CRENDO OU NÃO NAS ESCRITURAS!**

Cláusula 4

SALVAÇÃO

PARA MELHOR COMPREENSÃO, vamos ilustrar:

Em uma pequena vila nas montanhas havia um professor muito sábio. Tudo o que as crianças lhe perguntavam ele respondia com precisão. Entre estas crianças havia um garoto que se achava muito esperto, ele queria provar para todos que era ainda mais sábio que o seu mestre.

O garoto planejou o que poderia fazer para provar sua esperteza. Chamou um amigo e disse: "Vou pegar um passarinho e levá-lo à escola, escondido na bolsa, e desafiarei o mestre com a seguinte pergunta: 'Mestre, tenho um passarinho em minha mão, ele está vivo ou morto?' Se ele disser que está vivo, eu o espremo dentro da bolsa e o mato, se ele disser que está morto, eu o solto, e mostro que sou mais esperto que ele.

No dia seguinte durante a aula, o garoto levantou-se e com a mão escondida dentro da bolsa perguntou: "Mestre, estou segurando um passarinho em minha mão, ele está vivo ou morto?" O mestre parou, levantou-se, olhou bem nos olhos do menino e disse: "A vida desse passarinho está em suas mãos."

Muita gente pensa como este menino, achando-se mais esperto que Deus. No entanto, Deus não manda ninguém para o inferno, nós é que escolhemos ir para lá ou não. Assim como a vida daquele passarinho estava nas mãos do menino, a sua vida está em suas mãos; e você decide o que fará com ela!

Ou você deixa de ser o dono de sua vida e a entrega a Jesus para ter a vida eterna, (como o pássaro vivo nas mãos do menino) ou você a retém para si e a perde, (como o pássaro morto nas mãos do menino). Você pode querer ser mais esperto que o nosso Mestre Jesus e fazer da sua vida o que bem entender, porém Ele não se responsabilizará por sua eternidade.

O seu destino está em suas mãos!

Jesus ensina:

Pois quem quiser salvar a sua vida, a perderá; mas quem perder a sua vida por minha causa e pelo evangelho, a salvará (MARCOS 8:35 NVI).

Veja o que é necessário para a nossa salvação:

JESUS NOS SALVA DA ESCRAVIDÃO DO PECADO E DA CARNE

Na Bíblia, pecado significa errar o alvo; é quando erramos o alvo proposto por Deus para a vida humana. Não gostamos de chamar o nosso pecado de pecado, mas, quando erramos o alvo proposto por Deus em nossos relacionamentos com os outros e com Ele, estamos pecando!

Como tudo aconteceu?

Foi o Diabo que introduziu o pecado na Terra. A Bíblia é clara em afirmar que nem sempre somos levados a pecar sob influência direta do diabo, mas, muitas vezes pela nossa própria carne, ou seja, por nossos próprios desejos impuros.

A *carne* segundo a Bíblia é a nossa natureza caída, herdada de Adão, a qual se abre para o pecado. Destruir o homem que é a coroa da criação foi o único meio encontrado por Satanás para atingir Deus. Mas, Deus que é o Todo-Poderoso providenciou a solução!

JESUS CRISTO É A SOLUÇÃO!

Jesus Cristo é a solução! A mensagem do Evangelho é a Boa Notícia de que Jesus nos liberta da condenação eterna e da escravidão do pecado! Jesus veio para desfazer as obras do Diabo, cujo objetivo é opor-se a Deus.

Deus havia determinado ao primeiro homem (Adão) que ele fosse obediente, o Diabo, porém, levou o homem a pecar, desobedecendo, desta maneira, a Deus, como está registrado nos primeiros capítulos da Bíblia.

O Diabo quer levar o homem a pecar e a ter o hábito de pecar, aliás, isto caracteriza a paternidade espiritual de uma pessoa: ou ela é filha de Deus ou do Diabo segundo as Escrituras, não há meio termo! Vejamos se isto é verdade.

Essa palavra parece ser dura e realmente é, mas a verdade tem que ser dita, a escolha é nossa — sejamos sábios. Medite no que o apóstolo João disse:

Vede que grande amor nos tem concedido o Pai, a ponto de sermos chamados filhos de Deus; e, de fato, somos filhos de Deus. Por essa razão, o mundo não nos conhece, porquanto não o conheceu a ele mesmo. Amados, agora, somos filhos de Deus, e ainda não se manifestou o que haveremos de ser. Sabemos que, quando ele se manifestar, seremos semelhantes a ele, porque haveremos de vê-lo como ele é. E a si mesmo se purifica todo o que nele tem esta esperança, assim como ele é puro. Todo aquele que pratica o pecado também transgride a lei, porque o pecado é a transgressão da lei. Sabeis também que ele se manifestou para tirar os pecados, e nele não existe pecado. Todo aquele que permanece nele não vive pecando; todo aquele que vive pecando não o viu, nem o conheceu. Filhinhos, não vos deixeis enganar por ninguém; aquele que pratica a justiça é justo, assim como ele é justo. Aquele que pratica o pecado procede do diabo, porque o diabo vive pecando desde o princípio. Para isto se manifestou o Filho de Deus: para destruir as obras do diabo. Todo aquele que é nascido de Deus não vive na prática de pecado; pois o que permanece nele é a divina semente; ora, esse não pode viver pecando, porque é nascido de Deus. Nisto são manifestos os filhos de Deus e os filhos do diabo: todo aquele que não pratica justiça não procede de Deus, nem aquele que não ama a seu irmão (1 JOÃO 3:1-10).

Sabemos que já nascemos pecadores. Ninguém precisa ensinar uma criança a fazer coisas erradas, ela já nasce sabendo.

O pecado é hereditário, mas infelizmente a salvação não é! Pela fé no sacrifício de Cristo, cada um precisa conquistar a sua!

> O PECADO É HEREDITÁRIO, MAS INFELIZMENTE A SALVAÇÃO NÃO É!

A grande diferença está no fato de lutarmos contra o pecado, ao invés de nos entregarmos a ele!

Devemos lutar contra o nosso pecado, pois ele é a brecha que deixamos para o inimigo de Deus e de nossas almas, para nos jogar contra o nosso Criador e nos destruir. Somente Jesus nos livra da escravidão do pecado proveniente dos nossos desejos impuros!

Vamos conferir esta verdade no evangelho de Mateus:

...ela [Maria] dará à luz [um] filho, e lhe porás o nome de Jesus, porque ele salvará o seu povo dos seus pecados (MATEUS 1:21 RC).

E então, por que e como precisamos ser salvos da escravidão do pecado? Porque Deus é Santo, e Ele odeia o pecado, porém ama o pecador!

O profeta Isaías disse:

Pois são os pecados de vocês que os separam do seu Deus, são as suas maldades que fazem com que ele se esconda de você se não atenda as suas orações (ISAÍAS 59:2 NTLH).

Já o apóstolo Paulo afirma:

...todos pecaram e estão afastados da presença gloriosa de Deus (ROMANOS 3:23 NTLH).

No capítulo 6 encontramos:

> *Pois o salário do pecado é a morte, mas o presente gratuito de Deus é a vida eterna, que temos em união com Cristo Jesus, o nosso Senhor* (ROMANOS 6:23 NTLH).

Concluímos então que o pecado nos separou de Deus e nos trouxe condenação eterna, porém Deus em Seu infinito amor nos enviou o Seu Filho Jesus para se fazer pecado por nós, lançando sobre Ele na cruz a condenação que era nossa! Esse é um segredo oculto aos olhos de todos aqueles que não creem em Jesus Cristo como único meio de salvação eterna e no Seu evangelho como sendo a Palavra de Deus.

JESUS NOS SALVA DO MUNDO

Na visão bíblica, mundo é o território ou domínio de Satanás. O evangelista João diz:

> *Sabemos que somos de Deus e que o mundo todo está debaixo do poder do Maligno* (1 JOÃO 5:19 NTLH).

Mundo, neste contexto, é a sociedade sem Deus, que abre suas portas para toda espécie de influência maligna. É todo o sistema que nos rodeia, e que é controlado por forças satânicas, que tantos danos têm causado às famílias e à sociedade.

Moisés registra estas orientações dadas por Deus ao Seu povo no livro de Deuteronômio, no qual o Senhor condena de forma contundente os costumes pagãos ou mundanos. Assim Deus diz:

Quando vocês tomarem posse da terra que o SENHOR, nosso Deus, está dando a vocês, não imitem os costumes nojentos dos povos de lá. Não ofereçam os seus filhos em sacrifício, queimando-os no altar. Não deixem que no meio do povo haja adivinhos ou pessoas que tiram sortes; não tolerem feiticeiros, nem quem faz despachos, nem os que invocam os espíritos dos mortos. O SENHOR Deus detesta os que praticam essas coisas nojentas e por isso mesmo está expulsando da terra esses povos, enquanto vocês vão tomando posse dela. Em todas as coisas sejam fiéis ao SENHOR, nosso Deus. Moisés disse ao povo: Os povos da terra que vai ser de vocês seguem os conselhos dos que adivinham o futuro e dos que tiram sortes; mas o SENHOR, nosso Deus, não quer que vocês façam isso (DEUTERONÔMIO 18:9-14 NTLH).

Só Jesus merece adoração, porque Ele foi o único que não pecou; e além do mais, Ele venceu a morte ressuscitando ao terceiro dia. Jesus está vivo! Ele é invisível, mas real; e você pode falar com Ele quando quiser, caso os seus olhos da fé estejam abertos!

Vejamos se isto é verdade olhando mais detalhadamente na Palavra de Deus:

E Deus falou todas estas palavras: Eu sou o SENHOR, o teu Deus, que te tirou do Egito, da terra da escravidão. Não terás outros deuses além de mim. Não farás para ti nenhum ídolo, nenhuma imagem de qualquer coisa no

> SÓ JESUS MERECE ADORAÇÃO, PORQUE ELE FOI O ÚNICO QUE NÃO PECOU; E ALÉM DO MAIS, ELE VENCEU A MORTE RESSUSCITANDO AO TERCEIRO DIA. JESUS ESTÁ VIVO! ELE É INVISÍVEL, MAS REAL; E VOCÊ PODE FALAR COM ELE QUANDO QUISER, CASO OS SEUS OLHOS DA FÉ ESTEJAM ABERTOS!

céu, na terra ou nas águas, debaixo da terra. Não te prostrarás diante deles nem lhes prestarás culto (ou veneração), porque eu, o SENHOR, *o teu Deus, sou Deus zeloso, que castigo os filhos pelos pecados dos seus pais até a terceira e quarta geração daqueles que me desprezam, mas trato com bondade até mil gerações aos que me amam e obedecem aos meus mandamentos* (ÊXODO 20:1-6 NVI).

Aos cristãos de Roma, o apóstolo Paulo escreve uma carta dizendo:

Desde que Deus criou o mundo, as suas qualidades invisíveis, isto é, o seu poder eterno e a sua natureza divina, têm sido vistas claramente. Os seres humanos podem ver tudo isso nas coisas que Deus tem feito e, portanto, eles não têm desculpa nenhuma. Eles sabem quem Deus é, mas não lhe dão a glória que ele merece e não lhe são agradecidos. Pelo contrário, os seus pensamentos se tornaram tolos, e a sua mente vazia está coberta de escuridão. Eles dizem que são sábios, mas são tolos. Em vez de adorarem ao Deus imortal, adoram ídolos que se parecem com seres humanos, ou com pássaros, ou com animais de quatro patas, ou com animais que se arrastam pelo chão. Por isso Deus entregou os seres humanos aos desejos do coração deles para fazerem coisas sujas e para terem relações vergonhosas uns com os outros. Eles trocam a verdade sobre Deus pela mentira e adoram e servem as coisas que Deus criou, em vez de adorarem e servirem o próprio Criador, que deve ser louvado para sempre. Amém! (ROMANOS 1:20-25 NTLH).

O homem adorando a criatura ou a criação ao invés de adorar ao Criador! Homem adorando outro homem; pecador adorando pecador, mortal adorando mortal!

O profeta Isaías também registrou em seu livro a palavra do próprio Deus a esse respeito. Vejamos o que Deus disse:

O ferreiro pega um pedaço de metal, coloca nas brasas e depois com toda a força vai batendo nele com o martelo até formar a imagem. Ele trabalha tanto, que não come, nem bebe e acaba perdendo as forças. O escultor mede um pedaço de madeira e com um giz desenha nele a figura do ídolo. Depois, com as suas ferramentas, ele faz uma estátua com a forma de um belo ser humano, para ser colocada num templo (ISAÍAS 44:12-13).

Ele também continua a afirmar:

Assim metade da madeira serve para fazer um fogo; o homem assa a carne, come e fica satisfeito. Também se

*esquenta e diz: "Que fogo bom! Já me esquentei bem!"
Com a outra metade da madeira, o homem faz uma
imagem, isto é, um deus; depois, fica de joelhos e a adora.
E faz esta oração: "Tu és o meu deus; salva-me!" Essa
gente não tem juízo. Eles fecharam os olhos e não podem
ver nada; fecharam também a sua mente e não entendem
nada. O homem que faz imagens não entende nada e
não tem a inteligência necessária para dizer a si mesmo:
"Ora, com metade dessa madeira eu fiz um fogo; assei o
pão, assei a carne e comi. E com a outra metade eu fiz
esta imagem nojenta. Agora, aqui estou eu, adorando um
pedaço de madeira!* (ISAÍAS 44.16-19 NTLH).

Observe a reação de Paulo e Barnabé quando pessoas quiseram adorá-los como se fossem Deus, pelo milagre que Deus fizera através deles. Encontramos esse registro no livro de Atos:

Na cidade de Listra havia um homem que estava sempre sentado porque era aleijado dos pés. Ele havia nascido aleijado e nunca tinha andado. Esse homem ouviu as palavras de Paulo, e Paulo viu que ele cria que podia ser curado. Então olhou firmemente para ele e disse em voz alta: Levante-se e fique de pé! O homem pulou de pé e começou a andar. Quando o povo viu o que Paulo havia feito, começou a gritar na sua própria língua: Os deuses tomaram a forma de homens e desceram até nós! Eles deram o nome de Júpiter a Barnabé e o de Mercúrio a Paulo, porque era Paulo quem falava. O templo de Júpiter ficava na entrada da cidade, e o sacerdote desse deus trouxe bois e coroas de flores para o portão da cidade. Ele e o povo queriam matar os animais numa cerimônia religiosa e oferecê-los em sacrifício a Barnabé e a Paulo. Quando os dois apóstolos souberam disso, rasgaram as suas roupas, correram para o meio da multidão e gritaram: Amigos, por que vocês estão fazendo isso? Nós somos apenas seres humanos, como vocês. Estamos aqui anunciando o evangelho a vocês para que abandonem essas coisas que não servem para nada. Convertam-se ao Deus vivo que fez o céu, a terra, o mar e tudo o que existe neles (ATOS 14.8-15 NTLH).

Jesus dá um basta em tudo isto ao falar com uma mulher muito religiosa, quando diz:

No entanto, está chegando a hora, e de fato já chegou, em que os verdadeiros adoradores adorarão o Pai em espírito e em verdade. São estes os adoradores que o Pai procura. Deus é espírito e é necessário que os seus adoradores o adorem em espírito e em verdade (JOÃO 4:23-24 NVI).

Mas isso não é tudo! As três coisas que caracterizam, regem ou controlam este mundo segundo as Escrituras Sagradas são:
1. Os maus desejos da natureza humana (carne);
2. A cobiça dos olhos;
3. A soberba da vida.

Vemos essas verdades registradas na Palavra de Deus:

Não amem o mundo, nem as coisas que há nele. Se vocês amam o mundo, não amam a Deus, o Pai. Nada que é deste mundo vem do Pai. Os maus desejos da natureza humana, a vontade de ter o que agrada aos olhos e o orgulho pelas coisas da vida, tudo isso não vem do Pai, mas do mundo. E o mundo passa com tudo aquilo que as pessoas cobiçam; porém aquele que faz a vontade de Deus vive para sempre (1 João 2:15-17 NTLH).

Consequentemente, precisamos ser salvos deste sistema! Jesus Cristo venceu o mundo, não se deixando controlar por seus valores. Ele chegou a interceder junto ao Pai por Seus seguidores, para que fossem protegidos do Maligno. E o mais impressionante, é que Jesus orou até mesmo por aqueles, que ainda um dia, através das Escrituras Sagradas, creriam nele. Ou seja, Jesus orou por mim e por você que hoje somos Seus seguidores, caso você tenha crido em Jesus e em Sua Palavra!

Preste atenção nesta oração feita por Jesus ao Deus Pai há mais de dois mil anos:

Mas agora vou para ti; e isto falo no mundo, para que eles tenham a minha alegria completa em si mesmos. Eu lhes dei a tua palavra; e o mundo os odiou, porque não são do mundo, assim como eu não sou do mundo. Não rogo que os tires do mundo, mas que os guardes do Maligno. Eles não são do mundo, assim como eu não sou do mundo. Santifica-os na verdade, a tua palavra é a verdade. Assim como tu me enviaste ao mundo, também eu os enviarei ao mundo. E por eles eu me santifico, para que também eles sejam santificados na verdade. E rogo não somente por estes, mas também por aqueles que pela sua palavra hão de crer em mim (JOÃO 17:13-20 ATUALIZADA).

Este mundo está tão perdido, que assim como era difícil viver os valores do reino de Deus nos tempos passados, hoje não é diferente. Ser honesto, fiel ao cônjuge, não mentir nem falar palavrões, casar virgem, corrigir os filhos, respeitar os mais velhos, cumprir a palavra, obedecer aos pais, etc., hoje é considerado um completo absurdo. E as pessoas que querem viver tais valores são ridicularizadas pelo sistema que controla este mundo. É como remar contra a maré! Jesus sabendo que tudo isso aconteceria intercedeu por nós antecipadamente.

Logo no início do seu evangelho, João narra o testemunho de João Batista, quando este estava pregando e batizando no rio Jordão. Ao avistar Jesus que vinha ao seu encontro, exclamou:

Eis o Cordeiro de Deus, que tira o pecado do mundo (JOÃO 1:29).

Certa feita, Nicodemos, um doutor da Lei Judaica, foi procurar Jesus para saber melhor quem Ele era e a respeito da salvação.

Então Jesus passa a proferir e a ensinar acerca de Sua missão neste mundo.

Disse Jesus: Porque Deus amou ao mundo de tal maneira que deu o seu Filho unigênito (único filho), para que todo o que nele crê não pereça, mas tenha a vida eterna. Porquanto Deus enviou o seu Filho ao mundo, não para que julgasse o mundo, mas para que o mundo fosse salvo por ele (JOÃO 3:16-17).

Talvez a melhor expressão acerca de mundo, esteja no livro de Romanos: Leiamos o texto, pois os conselhos dados a eles não são diferentes dos conselhos para nós, cristãos de hoje.

E não vos conformeis a este mundo, mas transformai-vos pela renovação da vossa mente, para que experimenteis qual seja a boa, agradável e perfeita vontade de Deus (Romanos 12:2 Atualizada).

Paulo desafia os cristãos a não viverem da mesma forma mundana que as pessoas sem Cristo vivem, caso elas queiram experimentar qual é a boa, agradável e perfeita vontade de Deus.

No livro de Apocalipse nos é revelado quem engana o mundo. Este texto foi registrado para que não tivéssemos quaisquer dúvidas. É para todos aqueles que querem viver não apenas como simples criaturas, mas sim como filhos de Deus, para que não sejam enganados. Através da

Palavra descobrimos quem é o nosso inimigo, apesar de sua invisibilidade. Confira isso no texto a seguir:

> *E foi precipitado o grande dragão, a antiga serpente, que se chama o Diabo e Satanás, que engana todo o mundo; foi precipitado na terra, e os seus anjos foram precipitados com ele* (APOCALIPSE 12:9 RC).

Aqui vai um sábio conselho: Não se apegue a este mundo! Ele passará rapidamente, ele é dominado pelo inimigo de Deus e adversário de nosso espírito.

Se a carne é o ponto de apoio que o diabo tem dentro de nós, o mundo é o meio pelo qual ele exerce pressão de fora sobre nós. (JOHN STOTT)

Aprendemos que o mundo é uma ferramenta que o inimigo usa para nos afastar de Deus visando nos destruir, mas sabemos também que Jesus venceu o mundo, e com Ele, nós também podemos vencer!

JESUS NOS SALVA DAS GARRAS DO DIABO

Há pessoas que não acreditam na existência do Diabo, e essa é uma poderosa ferramenta nas mãos dele. O apóstolo Paulo faz uma descrição sobre contra quem lutamos e como podemos vencer!

Para terminar: tornem-se cada vez mais fortes, vivendo unidos com o Senhor e recebendo a força do seu grande poder. Vistam-se com toda a armadura que Deus dá a vocês, para ficarem firmes contra todas as armadilhas do Diabo. Pois nós não estamos lutando contra seres humanos, mas contra as forças espirituais do mal que vivem nas alturas, isto é, os governos, as autoridades e os poderes que dominam completamente este mundo de escuridão. Por isso peguem agora a armadura que Deus lhes dá. Assim, quando chegar o dia de enfrentarem as forças do mal, vocês poderão resistir aos ataques do inimigo e, depois de lutarem até o fim, vocês continuarão firmes, sem recuar. Portanto, estejam preparados. Usem a verdade como cinturão. Vistam-se com a couraça da justiça e calcem como sapatos, a prontidão para anunciar a boa notícia de paz. E levem sempre a fé como escudo, para poderem se proteger de todos os dardos de fogo lançados pelo Maligno. Recebam a salvação como capacete e a Palavra de Deus como a espada que o Espírito Santo lhes dá. Faça tudo isso orando a Deus e pedindo a ajuda dele. Orem sempre, guiados pelo Espírito de Deus. Fiquem alerta. Não desanimem e orem sempre por todo o povo de Deus (Efésios 6:10-18 NTLH).

Como aprendemos anteriormente, o papel do Diabo é esconder da humanidade a verdade da Palavra de Deus, para que as pessoas não venham a conhecer Deus através do Seu Filho Jesus e, consequentemente, alcancem o perdão dos seus pecados e a vida eterna!

Salvação

Como já vimos em Sua Oração Sacerdotal, Jesus intercedeu por nós para que o Pai nos livrasse do mal. O Diabo é o nosso acusador, ele sempre tenta nos jogar contra Deus por causa dos nossos pecados, mas sabemos que, através da morte de Cristo na cruz, o Diabo foi derrotado.

E, consequentemente todos os que se unirem a Cristo, crucificando o seu eu para viverem com Cristo e para Cristo, já venceram o Diabo!

Quando Cristo foi pregado na cruz, Ele levou sobre Si a condenação que era nossa, pois todos os pecados da humanidade foram lançados sobre Ele. Já somos vitoriosos em Cristo Jesus, mas a Palavra nos ensina a resistir e perseverar diante do mal.

Tiago ensina:

Portanto, obedeçam a Deus e enfrentem o Diabo, que ele fugirá de vocês (TIAGO 4:7 NTLH).

> A NOSSA AUTORIDADE SOBRE AS FORÇAS DO MAL VEM DA NOSSA SUBMISSÃO A DEUS, AO SEU FILHO JESUS E À PALAVRA DE DEUS.

No futebol, quando um atacante pipoca (tem medo) frente ao defensor, este cresce no jogo e adquire maior confiança. Nós também devemos agir diante do mal: não temê-lo, mas enfrentá-lo em nome de Jesus.

A nossa autoridade sobre as forças do mal vem da nossa submissão a Deus, ao Seu Filho Jesus e à Palavra de Deus.

Na Palavra de Deus encontramos uma maravilhosa promessa, que nos transmite a maior segurança que alguém pode nos oferecer, ou seja: Todas as forças do inferno e do mal não nos podem tocar. Estamos protegidos pela nossa união com o Cristo crucificado e ressurreto.

O apóstolo João afirma:

Sabemos que os filhos de Deus não continuam pecando, porque o Filho de Deus os guarda, e o Maligno não pode tocar neles (1 JOÃO 5:18 NTLH).

JESUS NOS SALVA DA TIRANIA DA LEI

A obediência à Lei (os Dez Mandamentos) não salva o ser humano da condenação eterna. Você pode perguntar — então para que servem e por que estão inseridos na Bíblia?

O seu questionamento tem fundamento e é normal pensar assim. Veja o que o apóstolo Paulo diz aos cristãos romanos:

Agora já não existe nenhuma condenação para as pessoas que estão unidas com Cristo Jesus. Pois a lei do Espírito de Deus, que nos trouxe vida por estarmos unidos com Cristo Jesus, livrou você da lei do pecado e da morte. Deus fez o que a lei não pôde fazer porque a natureza humana era fraca. Deus condenou o pecado na natureza humana, enviando o seu próprio Filho, que veio na forma da nossa natureza pecaminosa a fim de acabar com o pecado. Deus fez isso para que as ordens justas da lei pudessem ser completamente cumpridas por nós, que vivemos de acordo com o Espírito de Deus e não de acordo com a natureza humana (ROMANOS 8:1-4 NTLH).

Como seres humanos, ainda temos um corpo corruptível (destrutível), sujeito às falhas e tropeços. Por mais que nos esforçássemos para cumprir os Dez Mandamentos, não conseguiríamos, pois a lei é clara:

Pois qualquer que guarda toda a lei, mas tropeça em um só ponto, se torna culpado de todos (TIAGO 2:10).

A maioria de nós fica no primeiro mandamento: Amar a Deus sobre todas as coisas.

A lei aponta ou acusa o pecado, mas não justifica o pecador, pois ela serve para mostrar ou apontar o pecado, e Cristo nos salva dele!

Paulo nos esclarece melhor, conforme relata o texto:

> A LEI APONTA OU ACUSA O PECADO E CRISTO NOS SALVA DELE!

Pois Cristo é o fim da lei para justificar a todo aquele que crê (ROMANOS 10:4).

Cristo não aboliu a Lei, Ele é o cumprimento da Lei!

No Antigo Testamento a salvação era obtida através da obediência à Lei (resumida nos Dez Mandamentos), na crença da *Promessa* da vinda do *Messias*, e no sacrifício de um animal que substituía o ofertante. Já no Novo Testamento, somos salvos pela graça de Deus através do sacrifício de Jesus Cristo na cruz. Confira isso no texto abaixo:

Porque pela graça sois salvos, por meio da fé, e isto não vem de vós, é dom de Deus; não vem das obras para que ninguém se glorie (EFÉSIOS 2:8-9 ATUALIZADA).

O que a Lei não pôde fazer, Deus o fez, enviando Seu Filho na forma da nossa natureza pecaminosa, como homem, só que sem pecados.

Com o sacrifício de Cristo em nosso lugar, Deus satisfez a Sua própria justiça que havia sido ofendida por causa do nosso pecado. Porque, para satisfazer a Sua justiça, não servia nem sangue de animais, nem sangue de pecador e nem obediência às Leis. Foi assim que Deus derrotou o pecado, a Lei, o Diabo, a morte e o inferno!

O apóstolo Paulo diz aos cristãos da cidade da Galácia:

E é evidente que, pela lei, ninguém será justificado diante de Deus, porque o justo viverá da fé. Ora, a lei não é da fé, mas o homem que fizer estas coisas por elas viverá. Cristo nos resgatou da maldição da lei, fazendo-se maldição por nós, porque está escrito: "Maldito todo aquele que for pendurado no madeiro" (GÁLATAS 3:11-13 RC).

O mesmo apóstolo falou aos cristãos da cidade de Colossos.

Antigamente vocês estavam espiritualmente mortos por causa dos seus pecados e porque eram não-judeus e não tinham a lei. Mas agora Deus os ressuscitou junto com Cristo. Deus perdoou todos os nossos pecados e anulou a conta da nossa dívida, com os seus regulamentos que nós éramos obrigados a obedecer. Ele acabou com essa conta, pregando-a na cruz. E foi na cruz que Cristo se livrou do poder dos governos e das autoridades espirituais. Ele humilhou esses poderes publicamente, levando-os prisioneiros no seu desfile de vitória. Portanto, que ninguém faça para vocês leis sobre o que devem comer ou beber, ou sobre os dias santos, e a Festa da Lua Nova, e o sábado. Tudo isso é apenas uma sombra daquilo que virá; a realidade é Cristo (COLOSSENSES 2:13-17 NTLH).

Éramos escravos da lei, Deus pagou Sua Lei (ofendida) com o sangue do Seu Filho, e hoje somos livres da lei e escravos de Cristo. Ele pagou o preço, e agora é o nosso Senhor.

Saímos da lei e entramos na graça, sendo justificados não mais pela obediência à lei, mas pela fé no sacrifício de Cristo.

No Antigo Testamento éramos leais à lei, agora somos leais a Cristo!

JESUS NOS SALVA DA MORTE ETERNA E DO INFERNO

Para você, qual o significado da palavra *morte*?

Para a maioria das pessoas a palavra *morte* significa fim. Morte não é o fim, mas na linguagem bíblica significa separação.

A Bíblia apresenta três tipos de morte ou separação:
1. *A separação ou morte física* — ocorre quando o corpo é separado do espírito. Deus instituiu ao homem, como consequência do pecado que:

Do suor do teu rosto comerás o teu pão, até que tornes à terra, porque dela foste tomado; porquanto és pó, e ao pó tornarás (GÊNESIS 3:19 RC).

2. *A separação ou morte espiritual* — ocorre quando o espírito do homem vive separado de Cristo e consequentemente de Deus, pois é somente por Cristo que temos acesso ao Pai.

Vemos isto explicado pelo apóstolo Paulo claramente na Palavra de Deus:

Antigamente, por terem desobedecido a Deus e por terem cometido pecados, vocês estavam espiritualmente mortos. Naquele tempo vocês seguiam o mau caminho deste mundo e faziam a vontade daquele que governa os poderes espirituais do espaço, o espírito que agora controla os que desobedecem a Deus. De fato, todos nós éramos como eles e vivíamos de acordo com a nossa natureza humana, fazendo o que o nosso corpo e a nossa mente queriam. Assim, porque somos seres humanos como os outros, nós também estávamos destinados a sofrer o castigo de Deus. Mas a misericórdia de Deus é muito grande, e o seu amor por nós é tanto, que, quando estávamos espiritualmente mortos por causa da nossa desobediência, ele nos trouxe para a vida que temos em união com Cristo. Pela graça de Deus vocês são salvos (EFÉSIOS 2:1-5 NTLH).

3. *A separação ou morte eterna* — ocorre quando o espírito do homem parte desta vida, separado de Cristo e consequentemente de Deus.

Sendo assim se uma pessoa morre separada espiritualmente de Cristo e de Deus, experimentará a separação ou morte eterna (a Bíblia também a chama de segunda morte). O destino dessa pessoa, inevitavelmente, será o inferno. Vamos ver na Palavra se isto é verdade:

E a morte e o inferno foram lançados no lago de fogo. Esta é a segunda morte, o lago de fogo. E todo aquele que não foi achado inscrito no livro da vida, foi lançado no lago de fogo (APOCALIPSE 20:14-15 RIB).

Isto acontecerá com as pessoas que não creem no sacrifício que Jesus Cristo fez na cruz por amor a nós. A condenação que nós, pecadores, merecíamos foi lançada sobre Jesus na cruz!

Além de sermos salvos da escravidão do pecado e deste mundo, somos salvos do próprio Diabo e acima de tudo, somos salvos da morte eterna, recebendo de Jesus o perdão dos nossos pecados e a vida eterna.

Não é Deus quem manda as pessoas para o inferno, pois Ele nos ama, mas é a incredulidade do homem naquilo que Deus fez por intermédio de Jesus Cristo que as condena.

Jesus tem em Suas mãos o controle sobre a vida e sobre a morte e Ele fez a seguinte promessa:

> *Em verdade, em verdade vos digo que, se alguém guardar a minha palavra, nunca verá a morte* (João 8:51 RIB).

A Bíblia explica:

> NÃO É DEUS QUEM MANDA AS PESSOAS PARA O INFERNO, POIS ELE NOS AMA, MAS É A INCREDULIDADE DO HOMEM NAQUILO QUE DEUS FEZ POR INTERMÉDIO DE JESUS CRISTO QUE AS CONDENA.

> *E por isso o próprio Jesus se tornou igual a eles, tomando parte na natureza humana deles. Jesus fez isso para que, por meio da sua morte, pudesse destruir o Diabo, que tem poder sobre a morte. E também para libertar os que foram escravos toda a sua vida por causa do medo da morte* (Hebreus 2:14-15 NTLH).

O medo da morte é próprio do ser humano. É necessário lembrar que a morte é o salário do pecado, ou seja, é um castigo. Depois da morte virá o juízo!

A Palavra de Deus nos ensina que não há como querer acertar as contas com Deus após a morte. Assim está escrito:

> *E, como aos homens está ordenado morrerem uma só vez, vindo depois o juízo* (Hebreus 9:27).

É Jesus Cristo quem nos salva da morte eterna e do inferno! Aquele que vive como um verdadeiro filho de Deus não precisa ter medo da morte e do inferno, porque Deus providenciou o meio para conquistarmos o maior troféu que alguém pode conquistar na história do universo, que é a vida eterna por Jesus Cristo!

Disse Jesus: Eu sou a ressurreição e a vida; quem crê em mim, ainda que morra, viverá; e todo aquele que vive, e crê em mim, jamais morrerá. Crês isto? (João 11:25-26 RIB).

Que coisa maravilhosa saber que o único que venceu a morte e vive até hoje me oferece gratuitamente — pela fé, é claro — essa mesma vitória. Isto é simplesmente fantástico!

A salvação é presente de Deus para a minha e sua vida, e esse Deus quer e anseia comunicar-se conosco, conhecer nossas necessidades, nossos objetivos. Que grande prazer é poder falar com o Deus Todo-Poderoso.

Como é maravilhoso ouvir Deus e conviver com Ele. Talvez você já tenha ouvido muito sobre este assunto, mas nunca parou para entender como funciona.

Cláusula 5

VIDA ETERNA

Para ilustrar, conta-se que um alpinista, desesperado para conquistar uma montanha altíssima, iniciou sua escalada após anos de preparação. Como queria a glória só para ele, resolveu subir sem companheiros.

Enquanto se esforçava para subir, nem percebeu que o dia estava acabando e que não levara material adequado para acampar na montanha. Mesmo assim continuou a subir. Queria atingir o topo, chegar ao fim, conquistar a glória.

A escuridão tornou-se tão intensa naquele ponto da montanha que era impossível ver alguma coisa. Tudo era negro, visibilidade zero, a lua e as estrelas encobriam-se detrás das nuvens.

Ao subir por um caminho estreito, a poucos metros do topo, escorregou e precipitou-se pelos ares, despencando. O alpinista via apenas manchas velozes passando por ele e tinha a terrível sensação de estar sendo sugado por um imenso abismo.

Continuava caindo, e naqueles angustiantes momentos, passaram por sua mente episódios felizes e tristes de sua vida. Pensava na proximidade da morte, sem solução. Sentiu, repentinamente, um forte solavanco causado pelo esticar da corda, que estava amarrada e presa numa estaca, no alto da montanha.

Naquele momento de silêncio e solidão, suspenso no ar, ele nada podia fazer. Então gritou com todas as suas forças:

— Meu Deus, me ajude! — De repente uma voz grave e profunda lhe respondeu: — Que quer que eu faça?

— Salve-me, meu Deus!

— Você realmente crê que eu posso salvá-lo?

— Com toda a certeza, Senhor!

— Então corte a corda a que está amarrado!

Houve um momento de silêncio, e aquele homem agarrou-se ainda mais fortemente à corda.

— Por que duvida? — disse Deus —, não crê que possa salvá-lo?

— Sim Senhor, mas...

No dia seguinte, uma equipe de resgate encontrou o alpinista morto, congelado, com as mãos agarradas fortemente numa corda somente a uma distância de dois metros do chão.

Aprendemos algumas lições sobre oração com esta história:
- Devemos dirigir nossas orações a Deus, o Pai.
- Devemos agir com coerência.
- Nossa oração deve ser para a glória de Deus, e não nossa!
- Devemos orar com fé.
- Deus nunca nos deixa sem uma resposta: ou Ele diz sim, não ou espere!
- Devemos confiar em Deus.
- Devemos confiar em Deus, mesmo que as situações pareçam adversas.

Por isso precisamos aprender a orar.

Mas afinal o que é a oração? A oração realmente funciona? Como e quando devemos orar? Imagine uma criança recém-nascida. Ela a princípio não fala, porém, com o passar do tempo e com a convivência entre os familiares, começa a reproduzir certos sons, e como resultado desta convivência íntima com seus pais consegue expressar seus sentimentos, os quais são compreendidos.

Na sequência, há um diálogo franco e compreensível entre eles. Obviamente é necessário que haja esse relacionamento entre pais e filhos, e é assim que deve ocorrer também com nossas orações a Deus, nosso Pai! Oração é falar com Deus!

Você pode até pensar na oração como um monólogo, durante o qual apenas você fala e Deus ouve. Evidentemente, não é bem assim. Além de Deus responder as orações, Ele fala conosco através da Bíblia, como vimos anteriormente. Este privilégio nos é dado por causa de Jesus. Portanto, aprendamos com o próprio Mestre Jesus como convém orar.

Obeservemos o que Jesus ensina a respeito da oração e analisar a oração modelo deixada por Ele, a qual não deve ser repetida mecanicamente.

⁵E quando orares, não sejas como os hipócritas, pois gostam de orar em pé nas sinagogas e nas esquinas das ruas para serem vistos pelos homens. Em verdade vos digo que já receberam a sua recompensa. ⁶Mas tu, quando orares, entra no teu aposento, e, fechando a tua porta, ora a teu Pai que está em secreto. E teu Pai, que vê secretamente, te recompensará. ⁷E, orando, não useis de vãs repetições, como os gentios, que pensam que por muito falar serão ouvidos. ⁸Não vos assemelheis a eles, pois vosso Pai sabe do que necessitais, antes de lho pedirdes. ⁹Portanto, vós orareis assim: Pai nosso que estás no céu, santificado seja o teu nome, ¹⁰venha o teu reino, seja feita a tua vontade, assim na terra como no céu. ¹¹o pão nosso de cada dia nos dá hoje. ¹²Perdoa nossas dívidas, assim como nós perdoamos aos nossos devedores. ¹³Não nos deixes cair em tentação, mas livra-nos do mal. Porque teu é o reino e o poder, e a glória, para sempre. Amém. ¹⁴Pois se perdoardes aos homens e suas ofensas, também vosso Pai celestial vos perdoará a vós. ¹⁵Porém se não perdoardes aos homens as suas ofensas, também vosso Pai celestial não vos perdoará as vossas (MATEUS 6:5-15 NTLH).

Jesus nos adverte, no versículo 5, que não devemos orar visando chamar a atenção dos homens, mas sim a de Deus, o Pai. Muitos oram apenas para impressionar outras pessoas, não por realmente terem um relacionamento de amor com o Pai. As pessoas que assim procedem são chamadas por Jesus de hipócritas.

Infelizmente, tais pessoas já têm as suas recompensas, ou seja, não serão ouvidas por Deus, uma vez que o orgulho as está dominando. Na realidade, isto não é oração, mas autopromoção. Outra instrução é que devemos orar em secreto. Obviamente, Jesus não está proibindo a oração comunitária, na presença de outros.

Quando Jesus nos exorta a orar em secreto, Ele quer dizer que devemos ter intimidade com Deus. Somente aqueles que têm intimidade conosco podem entrar em nossos lugares secretos. Um exemplo dessa intimidade pode ser vista entre marido e mulher, ou então, entre pais e filhos. A intimidade vem pelo desenvolvimento da amizade que produz a confiança.

Em nome de quem devemos orar?

A Bíblia diz que toda oração deve ser feita em nome de Jesus, são vários os versos que nos afirmam isto. No entanto, vamos analisar apenas alguns:

Em verdade, em verdade lhes digo que tudo quanto pedirem ao Pai, ele lhes concederá em meu nome. Até agora nada pedistes em meu nome; pedi, e recebereis, para que a vossa alegria seja completa (João 16:23-24).

Em outra passagem Jesus afirmou:

Não foram vocês que me escolheram; pelo contrário, fui eu que os escolhi para que vão e deem fruto e que esse fruto não se perca. Isso a fim de que o Pai lhes dê tudo o que pedirem em meu nome (João 15:16 NTLH).

Somente Jesus está credenciado a ser o nosso Mediador junto ao Pai, por quem Ele é e pelo que fez!

Nem sempre uma oração é respondida por Deus. Como vimos, muitas vezes, as nossas orações não são atendidas

> **SOMENTE JESUS ESTÁ CREDENCIADO A SER O NOSSO MEDIADOR JUNTO AO PAI, POR QUEM ELE É E PELO QUE FEZ!**

porque não oramos em nome de Jesus. Às vezes, achamos que recebemos a resposta da nossa oração. Mas cuidado! Podem ser respostas de pessoas, do nosso próprio ser ou pior ainda, do Diabo, que segundo as Escrituras, tem poderes sobrenaturais, porém não divinos.

Será que realmente é necessário orar?

Jesus que é o nosso Mestre, mesmo sendo o Filho de Deus, precisava orar. Ele era o Filho de Deus encarnado aqui na terra, mas mesmo assim orava muito, inclusive noites inteiras. Se pretendemos ter um relacionamento com Deus, devemos investir tempo em Sua presença através da oração.

O próprio Jesus orava por longos períodos, e este fato chamava a atenção dos Seus discípulos a tal ponto, que estes lhe pediram que o Senhor os ensinasse a orar:

> *Estava Jesus em certo lugar orando e, quando acabou, disse-lhe um dos seus discípulos: Senhor, ensina-nos a orar* (LUCAS 11:1 ATUALIZADA).

Na realidade, oração não se ensina. Oração se pratica e é espontânea, contudo não podemos deixar de olhar para a oração conhecida como a "Oração do Pai Nosso", a oração modelo que Jesus nos ensinou:

Pai nosso que estás no céu

Para quem devemos dirigir nossas orações? Ao Pai! No aramaico (língua que Jesus também usava), Pai significa *Aba*, que quer dizer — Paizinho. Como já vimos em Mateus 6:6 orar é entrar na presença de Deus. Quando afirmamos "Pai nosso, que estás no céu", reconhecemos a soberania divina. Ele é Pai e eu sou filho e devo agir como tal. Devemos entender o que estamos dizendo!

Santificado seja o teu nome

Quando dizemos *santificado seja o teu nome* estamos afirmando: "Senhor, santificado seja o Teu nome na terra através da minha vida!" O instrumento que Deus usa para santificar o Seu nome aqui na terra são os Seus filhos. Você está dizendo em outras palavras: "Senhor, que todos saibam através da minha vida que Tu és Santo, e que eu esteja refletindo a Tua glória às outras pessoas".

Venha o teu reino

Você está dizendo: "Senhor, que os valores do Teu reino sejam implantados na minha vida e através dela. O Senhor é o Rei, e eu sou o súdito". "Que os valores do Teu reino sejam implantados na minha vida, ao invés dos valores que regem este mundo."

Seja feita a tua vontade, assim na terra como no céu

Ao fazer esta afirmação você permite que Deus seja o Senhor da sua vontade também, ou seja, que a vontade de

Deus se cumpra em sua vida e na vida de outros através de você. Estará também afirmando que deseja Ele no comando de tudo, e aceita tudo que Ele decidir. Você não manda em sua vida, Ele é o Senhor, e você deve estar pronto a obedecê-lo! Talvez, você possa questionar: Como posso saber qual é a vontade de Deus para as mais diversas situações da vida? Como já vimos anteriormente quando tratamos acerca da Bíblia, Deus deixou registrado para nós o que Ele espera de Seus filhos, pois a Bíblia é o Manual do ser humano!

...o pão nosso de cada dia nos dá hoje
Quando oramos assim estamos reconhecendo a graciosidade do Pai em suprir todas as necessidades dos Seus filhos. Quando o texto fala em pão, compreendemos que abrange todas as coisas. Deus quer ter um relacionamento paternal com os Seus filhos, e por isso mesmo deseja que busquemos nele o que precisamos. Não estou dizendo com isso que você não precisa trabalhar. Não é isso. Ainda no Sermão do Monte, Jesus, mais uma vez, destaca a importância de pedirmos o nosso sustento a Deus.

Pedi, e dar-se-vos-á; buscai, e achareis; batei e abrir-se-vos-á. Pois todo o que pede, recebe; e quem busca, acha; e ao que bate, abrir-se-lhe-á. Ou qual dentre vós é o homem que, se seu filho lhe pedir pão, lhe dará uma pedra? Ou, se lhe pedir peixe, lhe dará uma serpente? Se vós, pois, sendo maus, sabeis dar boas dádivas a vossos filhos, quanto mais vosso Pai, que está nos

> **DEVEMOS DEPENDER DE DEUS, COMO UMA CRIANÇA DEPENDE DE SEUS PAIS!**

céus, dará boas coisas aos que a Ele pedirem? (MATEUS 7:7-11 NVI).

Devemos depender de Deus, como uma criança depende de seus pais!

Perdoa as nossas dívidas, assim como perdoamos aos nossos devedores

Este verso está interligado com os versículos de Mateus 6:14-15 (Atualizada), o qual afirma:

> *Porque, se perdoardes aos homens as suas ofensas, também vosso Pai celestial vos perdoará a vós. Se, porém, não perdoardes aos homens as suas ofensas, também vosso Pai não vos perdoarás as vossas ofensas.*

Devemos prestar bastante atenção no que acabamos de ler. O recebimento do perdão dos nossos pecados e ofensas está condicionado a perdoarmos também quem pecou contra nós. São várias as passagens que nos fazem lembrar desta condição, tal é a importância que o Senhor Jesus Cristo deu a esse fato.

No momento da oração, aprendemos que precisamos separar um tempo para pedirmos perdão pelos nossos pecados, e também devemos oferecer o perdão àqueles que pecaram contra nós!

A Palavra de Deus explica que:

Se confessarmos os nossos pecados, Ele é fiel e justo para nos perdoar os pecados e nos purificar de toda injustiça (1 João 1:9 Atualizada).

Todo o pecado que cometemos atinge primeiro Deus e Jesus, depois a nós mesmos e/ou a outros. Não temos o direito de omitir o perdão a outras pessoas. Se Cristo nos perdoa, quem somos nós para não perdoar alguém?

Não nos deixes cair em tentação, mas livra-nos do mal

A tentação em si não é pecado, no entanto, pode nos induzir ao pecado! Jesus também foi tentado, mas não pecou. Qual foi então o segredo de Jesus? Ele estava em íntima comunhão com o Deus Pai e resistiu ao Diabo usando a Palavra de Deus. Vemos nisto a importância de conhecer e praticar a Palavra.

A tentação, sob o ponto de vista do Diabo, deve derrotar-nos; contudo do ponto de vista de Deus, deve fortalecer-nos.

Observe o que Jesus disse:

Vigiai e orai, para que não entreis em tentação; o espírito, na verdade, está pronto, mas a carne é fraca (Mateus 26:41 Atualizada).

> A TENTAÇÃO, SOB O PONTO DE VISTA DO DIABO, DEVE DERROTAR-NOS; CONTUDO DO PONTO DE VISTA DE DEUS, DEVE FORTALECER-NOS.

Só se consegue a vitória sobre a tentação orando e vigiando. É preciso estar atento e observar. Há pessoas que procuram e brincam com as tentações, e depois acham que simplesmente orando superficialmente conseguirão vencer. Normalmente, ao agirem assim tais pessoas não conseguem vencer, e caem.

Porque teu é o reino e o poder, e a glória, para sempre. Amém.

Assim, reconhecemos que tudo, inclusive nós e nossas vontades pertencem ao Senhor, e que a força e o poder não estão em nós ou em nossas orações, mas em Deus. A fonte de poder é o Senhor, e que toda a glória (pela resposta à nossa oração), deve ser dada única e exclusivamente a Ele. Este fato deve ser reconhecido por todos e para sempre.

Porque dele, e por ele, e para ele, são todas as coisas; glória, pois, a ele eternamente. Amém (ROMANOS 11:36 ATUALIZADA).

Devemos orar com fé.

Sem fé é impossível agradar a Deus; pois quem dele se aproxima precisa crer que ele existe e que recompensa aqueles que o buscam (HEBREUS 11:6 NVI).

Aprendemos que devemos orar com fé, crendo, sem duvidar!

Busque criar uma intimidade com o Senhor ou fortificar a que você já tem, procure estar na presença gloriosa de Jesus, nosso intercessor. Ore em nome do Senhor Jesus Cristo, junto ao Pai, mas ore com fé, pedindo-lhe sabedoria para a caminhada diária, entregando-lhe todos os seus desejos, sonhos, medos; enfim, todas as suas necessidades, e Ele em Seu tempo e modo terá cuidado de você. Amém!

O VALOR DO SANGUE DE CRISTO

PARA MELHOR COMPREENSÃO, vamos ilustrar:

> Em uma ilha no Pacífico Sul trabalhava uma missionária dedicada a levar a Palavra de Deus aos moradores daquele lugar. Ali viviam muitos pescadores, e dentre eles um muito cético quanto à existência de Deus e Sua Palavra. A missionária sempre que possível lhe falava do amor de Deus e do sangue de Jesus derramado na cruz por nossos pecados. E sempre o desafiava a entregar sua vida a Jesus. Mas aquele homem continuamente alegava não acreditar e não entender o porquê da necessidade do sangue de Jesus ser derramado na cruz; e o que ele tinha a ver com isso. "Deus terá que me fazer entender isso" — era o que ele costumava falar para a missionária!
>
> Certo dia, quando este homem voltava para casa depois de uma pescaria foi mordido por uma cobra venenosa e adoeceu. Com poucas horas de vida lhe restando (os moradores da ilha, muito pobres, não tinham condições de ir ao continente buscar o antídoto), recorreram então à missionária, que possuía um barco melhor e com

capacidade de ir e voltar em poucas horas. Sem pensar duas vezes, a missionária foi em busca do antídoto.

Logo que voltou à ilha, aquela missionária aplicou o antídoto do veneno na veia do pescador que estava muito mal. Ela lhe disse: "Talvez agora você entenda o significado e o valor do sangue de Jesus derramado na cruz por mim e por você!" O pescador então perguntou: "Como assim?" Com muita paciência a missionária explicou-lhe que Jesus morreu por nossos pecados e que o veneno do pecado corre em nossas veias desde o nosso nascimento. O pecado entrou na humanidade através da queda do primeiro casal, Adão e Eva. A partir daquele momento toda a raça humana se tornou pecadora.

A missionária então lhe perguntou se bastaria ele olhar para o antídoto do veneno para ser curado. E o pescador no mesmo instante respondeu que não; ele precisava tomar o antídoto!

> É FATO QUE TODOS NÓS SOMOS PECADORES E QUE O SANGUE DE JESUS É O ANTÍDOTO QUE DEUS PROVIDENCIOU PARA O VENENO DO PECADO!

A sábia missionária explicou-lhe que para livrar-se do veneno do pecado, não bastaria apenas ele conhecer a história do sacrifício de Jesus, mas sim conhecê-lo como Salvador.

O humilde pescador, com os olhos cheios de lágrimas, compreendeu o que Jesus havia feito por ele na cruz. Em seguida entregou sua vida a Ele.

Talvez você, meu caro leitor, também não compreenda o valor e o significado do sangue de Jesus derramado na cruz. Vamos conferir se isto é verdade nas Escrituras Sagradas (Bíblia).

Para entendermos com toda a amplitude o valor do sangue de Jesus, precisamos conhecer o evento descrito na Bíblia como Páscoa (passagem).

Já estudamos acerca da necessidade da salvação de Deus para a humanidade; salvação esta que se dá através do sacrifício de Jesus Cristo.

Por toda a Bíblia encontramos textos que evidenciam Jesus como único Salvador. Comecemos com o Antigo Testamento e estudemos a Páscoa do Senhor.

Tudo aconteceu assim: O povo judeu tornou-se escravo dos egípcios e nessa situação permaneceu aproximadamente 430 anos. Então Deus levantou Moisés para através dele tirar os judeus do cativeiro. Para convencer o Faraó a libertar o povo, Deus enviou dez pragas ao Egito, destas dez pragas a última é que nos trás o surgimento da Páscoa, vejamos o texto:

Então Moisés disse ao rei:

O SENHOR Deus diz: "Perto da meia-noite eu vou passar pelo Egito, e no país inteiro morrerá o filho mais velho de cada família, desde o filho do rei, que é o herdeiro do trono, até o filho da escrava que trabalha no moinho; morrerá também a primeira cria dos animais. Em todo o Egito haverá gritos de dor, como nunca houve antes e nunca mais haverá. Mas, entre os israelitas, nem mesmo um cachorro latirá para uma pessoa ou um animal. E assim vocês ficarão sabendo que o SENHOR *faz diferença entre os egípcios e os israelitas* (ÊXODO 11:4-7 NTLH).

Para proteger os judeus dessa praga, Deus deu a seguinte ordem a Moisés e ao povo:

O SENHOR *Deus falou com Moisés e Arão no Egito. Ele disse: Este mês será para vocês o primeiro mês do ano. Diga a todo o povo israelita o seguinte: no dia dez deste mês cada pai de família escolherá um carneirinho ou um cabrito para a sua família, isto é, um animal para cada casa. Se a família for pequena demais para comer o animal inteiro, então o dono da casa e o seu vizinho mais próximo o comerão juntos, repartindo-o de acordo com o número de pessoas e a quantidade que cada um puder comer. O animal deverá ser um carneirinho ou um cabrito sem defeito, de um ano. Vocês o guardarão até o dia catorze deste mês, e na tarde desse dia todo o povo israelita matará os animais. Pegarão um pouco do sangue e o passarão nos batentes dos lados e de cima das portas das casas onde os animais vão ser comidos. Nessa noite a carne deverá ser assada na brasa e comida com pães sem fermento e com ervas amargas. A carne não deverá ser comida crua nem cozida; o animal inteiro, incluindo a cabeça, as pernas e os miúdos, será assado na brasa. Não deixem nada para o dia seguinte e queimem o que sobrar. Já vestidos, calçados e segurando o bastão, comam depressa o animal. Esta é a Páscoa de*

> *Deus, o SENHOR. Nessa noite eu passarei pela terra do Egito e matarei todos os primeiros filhos, tanto das pessoas como dos animais. E castigarei todos os deuses do Egito. Eu sou o SENHOR. O sangue nos batentes das portas será um sinal para marcar as casas onde vocês moram. Quando estiver castigando o Egito, eu verei o sangue e então passarei por (cima de) vocês sem parar, para que não sejam destruídos por essa praga. Comemorem esse dia como festa religiosa para lembrar que eu, o SENHOR, fiz isso. Vocês e os seus descendentes devem comemorar a Festa da Páscoa para sempre* (ÊXODO 12:1-14 NTLH).

Para entender claramente o fato que acabamos de ler, precisamos nos situar na história. Como minha intenção é não deixar qualquer dúvida para o leitor, daremos um pequeno passeio pela história, que de fato, é uma verdadeira peregrinação pelo passado. Vamos observar que Deus sempre esteve, está e estará no controle de tudo de maneira soberana, para cumprir os desígnios por Ele estabelecidos.

A nossa história não poderia começar em outro lugar que não fosse o Jardim do Éden, o Paraíso, com Adão e Eva — o primeiro casal.

No livro de Gênesis, após pecar, o homem foi expulso do Jardim e se corrompeu. Muitos anos depois, temos a história de Noé e sua arca, quando Deus através do dilúvio destruiu toda a raça humana e recomeçou a história da humanidade com Noé e sua família.

E novamente o homem se corrompeu.

Deus então separou uma pessoa muito especial, através de quem faria uma grande nação, e da qual sairia o Salvador. Esta pessoa foi Abrão.

Esta história começa a ser narrada em Gênesis 12. Abrão morava na cidade de Ur, na Caldeia, e Deus o chamou para retirar-se daquele lugar e morar em uma terra que o Senhor lhe mostraria. Abrão, mesmo não sabendo onde era esse lugar, obedeceu. Posteriormente nasceu-lhe um sucessor, seu filho Isaque, o qual teve dois filhos: Esaú e Jacó. O jovem Jacó foi o escolhido de Deus, na sucessão do Seu povo, e ele teve 12 filhos.

Deus fez uma promessa a Abraão dizendo que ele seria pai de uma multidão. Antes ele chamava-se Abrão (que significa pai exaltado), e passou a chamar-se Abraão (que significa pai de uma multidão), porque ele seria o pai de uma grande nação.

Como uma nação poderia se desenvolver a partir de um grupo tão pequeno? Deus, no controle de todas as coisas, fez de José, filho de Jacó, governador do Egito, que naquela época era a nação mais poderosa da terra — a terra dos Faraós. Quando Jacó mudou-se para o Egito, eram apenas 27 os membros desta família. Foi esta a forma que Deus escolheu para cumprir Sua promessa a Abraão. Assim, o povo pôde crescer e multiplicar-se, protegidos pelo Faraó.

Deus também mudou o nome de Jacó para Israel, vindo dele o nome do povo de Israel. Você talvez questione: e os judeus?

São o mesmo povo, eles eram apenas uma tribo dos descendentes de Judá (judeus), um dos 12 filhos de Jacó. O povo de Israel vivia bem na terra do Egito, mas com o passar do tempo e a mudança do Faraó, o nome de José foi esquecido, como também a sua história. O novo Faraó vendo que estes estavam se fortalecendo muito, determinou que fossem escravizados.

O povo de Israel permaneceu na terra do Egito por aproximadamente 430 anos. Imagine quantas pessoas haviam ali! Na saída do Egito, foram contados mais de 600 mil homens, sem contabilizar mulheres, crianças e velhos, e neste momento inicia-se a nossa Páscoa!

O povo de Israel desfrutaria da herança da promessa feita por Deus a Abraão. Eles estavam escravizados pelo povo egípcio, que dominava o mundo conhecido da época. No livro de Êxodo, Deus chama Moisés como líder deste povo, e determina que ele vá falar com o Faraó, a fim de pedir-lhe que deixe o povo de Israel sair da terra do Egito. É óbvio que o Faraó lhe negaria este pedido!

O Senhor Deus enviou dez terríveis pragas sobre toda a terra do Egito e seus moradores para amolecer o coração do Faraó e mostrar a todos os povos que Ele era o único e verdadeiro Deus. As pragas iam aumentando de intensidade, à medida que o coração do Faraó se endurecia.

Por último viria a pior de todas as pragas descrita no livro do Êxodo 12:12, na qual Deus mataria todos os primogênitos (filho mais velho) na terra do Egito, tanto de homens como animais.

A Páscoa era para ser festejada, segundo o livro de Êxodo 12:21, alimentando-se de um cordeiro, o qual era morto, seu sangue vazado, assado, e repartido entre os familiares. O cordeirinho sacrificado morria por cada membro da família; ele os salvava do juízo de Deus que recaiu sobre o Egito, e da morte certa. Mais tarde, quando o povo já estava peregrinando rumo à Terra Prometida, Deus lhes deu novas orientações por intermédio de Moisés. Vemos no primeiro capítulo do livro de Levítico, mais detalhes sobre este sacrifício.

Deus instituiu que para receber o perdão dos seus pecados, o povo deveria trazer um cordeiro ao sacerdote. Este, simbolicamente impunha as mãos sobre a cabeça do ofertante e transferia assim o seu pecado para o animal; que por sua vez era sacrificado, e seu sangue derramado sobre o altar. Assim, a condenação do pecado recaía sobre o animal, inocentando o ofertante.

> PORTANTO, CONCLUÍMOS QUE DEUS INSTITUIU QUE SEM DERRAMAMENTO DE SANGUE, NÃO PODERIA OCORRER O PERDÃO DE PECADOS!

Portanto, concluímos que Deus instituiu que sem derramamento de sangue, não poderia ocorrer o perdão de pecados!

Vamos conferir nas Escrituras Sagradas para ver se isto é verdade:

Pois a vida de todo ser vivente está no sangue. É por isso que Deus mandou que o sangue dos animais oferecidos como sacrifício fosse derramado no altar a fim de conseguir o perdão dos pecados do povo. Pois é o sangue, isto é, a vida, que tira os pecados (LEVÍTICO 17:11 NTLH).

Como diz o texto, Deus decidiu assim: pecou, paga com sangue!

A raça humana seria exterminada, pois todos eram pecadores. Todos teriam que pagar com o próprio sangue o preço do seu pecado. No caso, o cordeiro sacrificado tomava o lugar do ofertante, tendo o seu sangue derramado sobre o altar como pagamento pelo pecado.

No Antigo Testamento para obter-se a salvação era necessário:

- A obediência às Leis
- A fé na vinda do Salvador
- O sacrifício de animais

O Antigo Testamento foi o primeiro pacto, contrato ou acordo que Deus fez com a humanidade.

Não foi por acaso que a Páscoa cristã do Novo Testamento coincidiu com a Páscoa judaica referida no Antigo Testamento, pois ambas foram planejadas por Deus no céu.

No Antigo Testamento as coisas ficaram muito fáceis, o povo pecava e oferecia sacrifícios, pecava e oferecia sacrifícios, indefinidamente.

Deus viu que precisava acabar com esta atitude do povo e decidiu fazer um novo pacto (contrato), pois o homem não havia entendido qual tinha sido o objetivo de Deus com o primeiro acordo.

E o sangue de animais não mais satisfazia a justiça de Deus!

> O SANGUE DE ANIMAIS NÃO MAIS SATISFAZIA A JUSTIÇA DE DEUS!

Deus falava com o homem pessoalmente, depois através de anjos, das leis, dos Dez Mandamentos, dos reis e profetas, etc., até ver que tudo isso não era o suficiente; Ele teria que descer aqui pessoalmente.

Foi então que Deus desceu entre nós na pessoa de Seu Filho Jesus, e fez um novo pacto com a humanidade, chamado de Novo Testamento ou Novo Pacto. No Novo Testamento, entendemos o porquê daquele quadro descrito no Antigo Testamento.

Desde o início, Deus instituiu que a única maneira de receber o perdão dos pecados, seria através do derramamento de sangue. E Deus não transgrediu essa lei; mas em Cristo, cumpriu-a por completo!

É possível conferir nas páginas do Novo Testamento para ver se isto ocorreu.

No livro escrito aos cristãos hebreus, esta verdade está registrada de forma muito clara, e no livro de Hebreus 1, o autor inicia a carta dizendo:

Antigamente, por meio dos profetas, Deus falou muitas vezes e de muitas maneiras aos nossos antepassados, mas nestes últimos tempos ele nos falou por meio do seu Filho Jesus (HEBREUS 1:1-2 NTLH).

Por amor a nós, Jesus desceu da Sua glória para viver a nossa miséria! Vamos continuar conferindo as Escrituras, para ver como tudo se cumpriu em Cristo.

Quando, porém, veio Cristo como sumo sacerdote dos bens já realizados, mediante o maior e mais perfeito tabernáculo, não feito por mãos, quer dizer, não desta criação, não por meio de sangue de bodes e de bezerros, mas pelo seu próprio sangue, entrou no Santo dos Santos, uma vez por todas, tendo obtido eterna redenção.

Portanto, se o sangue de bodes e de touros e a cinza de uma novilha, aspergidos sobre os contaminados, os santificavam, quanto à purificação da carne, muito mais o sangue de Cristo, que, pelo Espírito eterno, a si mesmo se ofereceu sem mácula a Deus, purificará a nossa consciência de obras mortas, para servirmos ao Deus vivo!

Por isso mesmo, ele é o Mediador da nova aliança, a fim de que, intervindo a morte para remissão das transgressões que havia sob a primeira aliança, recebam a promessa da eterna herança aqueles que têm sido chamados. Porque, onde há testamento, é necessário que intervenha a morte do testador; pois um testamento só é confirmado no caso de mortos; visto que de maneira nenhuma tem força de lei enquanto vive o testador. Pelo que nem a primeira aliança foi sancionada sem sangue; porque, havendo Moisés proclamando todos os mandamentos segundo a lei a todo o povo, tomou o sangue dos bezerros e dos bodes, com água, e lã tinta de escarlate, e hissopo e

> POR AMOR A NÓS, JESUS DESCEU DA SUA GLÓRIA PARA VIVER A NOSSA MISÉRIA!

aspergiu não só o próprio livro, como também sobre todo o povo, dizendo: Este é o sangue da aliança, a qual Deus prescreveu para vós outros. Igualmente também aspergiu com sangue o tabernáculo e todos os utensílios do serviço sagrado. Com efeito, quase todas as coisas, segundo a lei, se purificam com sangue; e, sem derramamento de sangue, não há perdão de pecados. Era necessário, portanto, que as figuras das coisas que se acham nos céus se purificassem com tais sacrifícios, mas as próprias coisas celestiais, com sacrifícios a eles superiores. Porque Cristo não entrou em santuário feito por mãos humanas, (figura do verdadeiro). Mas, porém no céu, para comparecer, agora, por nós, diante de Deus; nem ainda para se oferecer a si mesmo muitas vezes, como o sumo sacerdote cada ano entrava no Santo dos Santos com sangue alheio. Ora, neste caso, seria necessário que ele tivesse sofrido muitas vezes desde a fundação do mundo; agora, porém, ao se cumprirem os tempos, manifestou-se de uma vez por todas, para aniquilar, pelo sacrifício de si mesmo, o pecado. E, assim como aos homens está ordenado morrerem uma só vez, vindo, depois disto, o juízo, assim também Cristo, tendo-se oferecido uma vez para sempre para tirar os pecados de muitos, aparecerá segunda vez, sem pecado, aos que o aguardam para a salvação (HEBREUS 9:11-28).

Não é maravilhoso? Verifique Hebreus 10:1-12.

Ora, visto que a lei é apenas uma sombra dos bens vindouros, não a imagem real das coisas, nunca, jamais pode tornar perfeitos os ofertantes, com os mesmos sacrifícios que, ano após ano, perpetuamente, eles oferecem. Doutra sorte, não teriam cessado de ser oferecidos, porquanto os que prestam culto, tendo sido purificados uma vez por todas, não mais teriam consciência de pecados? Entretanto, nesses sacrifícios faz-se recordação de pecados todos os anos, porque é impossível que o sangue de touros e de bodes remova pecados. Por isso, ao entrar no mundo, diz: Sacrifício e oferta não quiseste; antes, um corpo me formaste; não te deleitaste com holocaustos e ofertas pelo pecado. Então, eu disse: Eis aqui estou (no rolo do livro está escrito a meu respeito), para fazer, ó Deus, a tua vontade. Depois de dizer, como acima:

Sacrifícios e ofertas não quiseste, nem holocaustos e oblações pelo pecado, nem com isto te deleitaste (coisas que se oferecem segundo a lei), então, acrescentou: Eis aqui estou para fazer, ó Deus, a tua vontade.

Remove o primeiro para estabelecer o segundo. Nessa vontade é que temos sido santificados, mediante a oferta do corpo de Jesus Cristo, uma vez por todas. Ora, todo sacerdote se apresenta, dia após dia, a exercer o serviço sagrado e a oferecer muitas vezes os mesmos sacrifícios, que nunca, jamais podem remover pecados; Jesus, porém, tendo oferecido, para sempre, um único sacrifício pelos pecados, assentou-se à destra de Deus...

Aquele cordeiro, sacrificado do Antigo Testamento simbolizava o cordeiro de Deus que viria ao mundo na forma humana, cujo nome é Jesus — o Cristo.

No evangelho de João 1:29 está descrito:

> *No dia seguinte João viu a Jesus, que vinha para ele, e disse:* Eis o Cordeiro de Deus, Que Tira o Pecado do Mundo (Ênfase do autor).

> **AQUELE CORDEIRO, SACRIFICADO DO ANTIGO TESTAMENTO SIMBOLIZAVA O CORDEIRO DE DEUS QUE VIRIA AO MUNDO NA FORMA HUMANA, CUJO NOME É JESUS O CRISTO.**

Veja a sabedoria de Deus na condução da história para salvar a humanidade.

Tracemos um paralelo entre o cordeiro do Antigo Testamento e o último Cordeiro sacrificado — Jesus Cristo:

- O cordeiro da Páscoa do Antigo Testamento era macho, sem defeito (sem pecado) e de um ano (inocente). Jesus, o último cordeiro, veio na forma de homem, sem pecado e inocente. O cordeirinho deveria ser sacrificado à tarde (Jesus morreu às três horas da tarde, e para os judeus, perto das 6 horas da tarde começava um novo dia).
- Jesus (como os cordeirinhos do Antigo Testamento), teve Seu sangue derramado para perdoar pecados e livrar o povo de Deus da morte eterna.

- O sangue de Jesus derramado em nossos corações serve como sinal para que o juízo de Deus *passe por cima* da nossa cabeça e não recaia sobre nós.
- O sangue do cordeiro deveria marcar os umbrais e a verga das portas das casas (o sangue nesta disposição forma uma cruz), apontando para o tipo de morte que o Cordeiro de Deus teria — morte de cruz.
- O cordeirinho deveria ser assado e em seguida comido com pães ázimos (sem fermento), pois o fermento representava o pecado. Jesus, sem pecado, não foi assado pelo fogo, mas foi colocado numa cruz sob o sol escaldante do meio-dia, por causa dos nossos pecados e do juízo de Deus que recaiu sobre Ele.
- O cordeirinho deveria ser comido também com ervas amargas, para apontar o sofrimento e morte de Jesus, o último Cordeiro a ser sacrificado.
- Jesus (como o cordeirinho do Antigo Testamento), não teve os Seus ossos quebrados, nem sequer um, tal como acontecia com o cordeiro.

No livro de Êxodo 12:46 está escrito:

Numa só casa se comerá o cordeiro; não levareis daquela carne fora da casa, NEM LHE QUEBRAREIS OSSO ALGUM *(*ÊXODO 12:46 ATUALIZADA*) (Ênfase do autor).*

> JESUS É O CUMPRIMENTO DE TODAS AS PROFECIAS, SÓ NÃO AS VÊ QUEM NÃO QUER!

Jesus é o cumprimento de todas as profecias, só não as vê quem não quer! Observe o que diz o evangelho de João:

Foram então os soldados e, na verdade, quebraram as pernas ao primeiro e ao outro que com ele fora crucificado; mas vindo a Jesus, e vendo que já estava morto, não lhe quebraram as pernas; contudo um dos soldados lhe furou o lado com uma lança, e logo saiu sangue e água. E é quem viu isso que dá testemunho, e o seu testemunho é verdadeiro; e sabe que diz a verdade, para que também vós creiais. Porque isto aconteceu para que se cumprisse a escritura: Nenhum dos seus ossos será quebrado (JOÃO 19:32-36 ATUALIZADA).

Jesus substituiu o cordeiro do Antigo Testamento com a aliança que Deus fez com a humanidade.

O sacrifício de Cristo é suficiente para salvar toda a humanidade, mas só é eficiente na vida daquele que crê!

> O SACRIFÍCIO DE CRISTO É SUFICIENTE PARA SALVAR TODA A HUMANIDADE, MAS SÓ É EFICIENTE NA VIDA DAQUELE QUE CRÊ!

A história do carcereiro de Filipos é bem conhecida, nela Paulo e Silas estavam presos por pregarem as boas-novas. Após um terremoto que abalou a cadeia, (não houve fuga) o carcereiro perguntou: "O que devo fazer para ser salvo?" Paulo respondeu:

> Crê no Senhor Jesus Cristo e serás salvo tu e tua casa
> (ATOS 16:31 ATUALIZADA).

O texto em seguida nos mostra que para sermos salvos é necessário ter fé em Jesus Cristo e em Sua Palavra.

> Pois então os senhores e todo o povo de Israel fiquem sabendo que este homem está aqui completamente curado pelo poder do nome de Jesus Cristo, de Nazaré — aquele que os senhores crucificaram e que Deus ressuscitou. Jesus é aquele de quem as Escrituras Sagradas dizem: A pedra que vocês, os construtores, rejeitaram veio a ser a mais importante de todas. A salvação só pode ser conseguida por meio dele. Pois não há no mundo inteiro, nenhum outro que Deus tenha dado aos seres humanos por meio do qual possamos ser salvos (ATOS 4:10-12 NTLH).

Neste texto, Pedro não cita qualquer outro nome, pessoa ou condição através da qual podemos ser salvos, a não ser através de Jesus.

O modo de salvação não pode ser escolhido por nenhum ser humano, seja ele líder religioso ou não, nem por qualquer instituição — mas por Deus!

Deus escolheu a fé para salvar o pecador da morte eterna e do

> O MODO DE SALVAÇÃO NÃO PODE SER ESCOLHIDO POR NENHUM SER HUMANO, SEJA ELE LÍDER RELIGIOSO OU NÃO, NEM POR QUALQUER INSTITUIÇÃO MAS POR DEUS!

inferno — fé no Seu Filho Jesus, como está escrito na Palavra de Deus!

A salvação é de graça e não temos qualquer mérito nisso. A Bíblia demonstra claramente:

> *Porque pela graça sois salvos, por meio da fé, e isto não vem de vós, é dom de Deus; não vem das obras, para que ninguém se glorie* (EFÉSIOS 2:8-9 ATUALIZADA).

As boas obras não nos salvam do inferno!

Segundo as Escrituras Sagradas, as boas obras são a consequência da salvação, mas nunca a sua causa.

No entanto, a causa é a fé no sacrifício de Cristo na cruz por nossos pecados; fazendo-se justiça em nosso lugar e nos declarando justos diante de Deus.

PARA MELHOR COMPREENSÃO, vamos ilustrar:

> Na divisa dos Estados Unidos da América com o Canadá estão as famosas Cataratas do Niágara. Certa ocasião, um malabarista estava fazendo a travessia dessas perigosas cataratas, equilibrando-se sobre um cabo de aço esticado sobre as quedas d'água. Todos os presentes aplaudiram freneticamente o feito de tal homem. Para chamar ainda mais a atenção do público, ele perguntou se acreditavam que ele conseguiria voltar pelo mesmo cabo empurrando um carrinho de mão. Todos gritaram que sim. Para valorizar mais o desafio, o homem perguntou se os presentes acreditavam que

pudesse fazer a travessia com uma pessoa dentro do carrinho. Todos ficaram maravilhados com o desafio e concordaram que ele conseguiria. Então este homem, diante da afirmativa da multidão, solicitou que alguém se apresentasse como voluntário. Um a um, foram se desculpando, até que sobrou apenas um garotinho, que aceitou o desafio.

O garotinho subiu no carrinho e com o malabarista foi devagar em direção oposta, até vencerem o desafio. Depois da aventura, perguntaram ao menino por que ele havia aceitado o desafio. Ao que ele respondeu: "Ele é meu pai e eu confio nele!"

A salvação é um presente de Deus para minha e sua vida, e esse Deus anseia em comunicar-se conosco, conhecer nossas necessidades, nossos objetivos. Quão grande é o prazer em poder falar com o Deus Todo-Poderoso, e como é maravilhoso ouvi-lo e conviver ao Seu lado!

Deus veio ao mundo em forma de homem; ensinou, amou; mas foi odiado, traído, humilhado e sofreu na mão de seus semelhantes. Foi condenado à morte sem qualquer culpa, mas perdoou!

Acredite ou não, graças a Jesus Cristo, você e eu podemos hoje ter contato direto com Deus e a certeza de uma vida eterna ao Seu lado.

> QUÃO GRANDE É O PRAZER EM PODER FALAR COM O DEUS TODO-PODEROSO, E COMO É MARAVILHOSO OUVI-LO E CONVIVER AO SEU LADO!

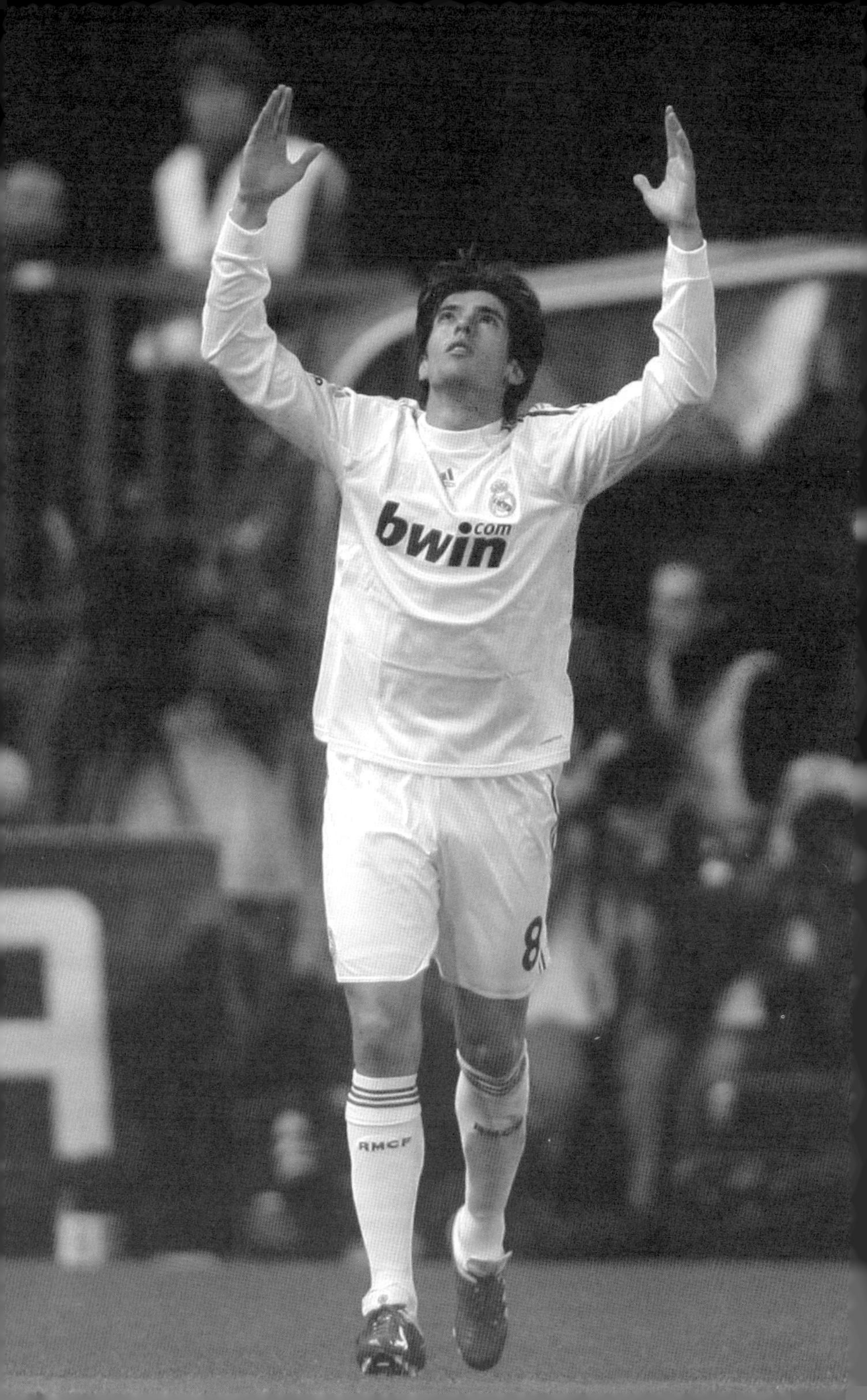
bwin.com
RMCF

"**Jesus:
o número 1
em minha vida!**"

Kaká

JESUS: O "NÚMERO 1" EM MINHA VIDA!

Kaká

É UMA ALEGRIA MUITO GRANDE testemunhar do amor de Jesus ao mundo, mostrando que Ele — Jesus Cristo, deve estar em primeiro lugar em nossa vida! Meu objetivo ao usar as camisetas com dizeres sobre o amor de Jesus, não é expor uma religião ou fazer marketing, mas mostrar ao mundo inteiro que existe um Deus vivo que nos ama e em quem podemos confiar — o nome do Seu Filho é Jesus!

Sou um dos embaixadores do *Programa Mundial de Alimentos*, da Organização das Nações Unidas —ONU: um programa alimentar mundial de combate à fome. O embaixador recebe a missão de representar seu país no lugar onde for enviado. Antes de ser embaixador da ONU, entendo que sou um dos embaixadores de Cristo na terra.

Assim como muitos cristãos, sou também porta-voz de Cristo neste mundo, e meu objetivo é testemunhar sobre o amor de Deus, revelado à humanidade por intermédio de Seu Filho Jesus. E o Filho de Deus nos confiou a missão de anunciarmos a Palavra de Deus a toda criatura, pois esta é o alimento para o nosso espírito. Com certeza, também me preocupo com a fome ao redor do mundo, e quero ajudar para que as pessoas tenham o seu pão de cada dia, no entanto, seria incoerente se não me preocupasse também em alimentar o espírito do ser humano, pois só este dura eternamente.

Quando menino, meu sonho era ser um jogador profissional de futebol, sonho este quase interrompido por um acidente.

Ao mergulhar numa piscina, bati a cabeça no fundo e tive uma séria lesão na coluna. Os médicos afirmaram que dificilmente voltaria a ser uma criança normal e que, se voltasse a andar, provavelmente restariam sequelas que me impediriam de ser um jogador de futebol. Mas Deus me livrou e, contrariando todos os prognósticos da medicina, hoje sou um jogador profissional de futebol.

Tenho a confiança de que esse era o sonho de Deus para minha vida e, por essa razão, o impossível tornou-se possível.

Deus tem um propósito e um plano único para vida de cada pessoa. Procure descobrir qual é o propósito de Deus para sua vida, e comece a viver os planos que Ele tem para você!

Sempre procurei cumprir a vontade de Deus; desejando que a minha vontade fosse também a dele para mim. Sou grato ao Pai eterno por tudo o que acontece em minha vida!

Sempre tive o desejo de jogar na Seleção Brasileira, e dou graças a Deus por este ser também o sonho dele para minha vida. Sempre quis glorificá-lo através do meu viver e vejo todas essas coisas realizando-se em minha caminhada diária, pois Ele já está no centro da minha vida!

Fui eleito, recentemente, o melhor jogador do mundo, *mas o "número 1" em minha vida é e sempre será Jesus Cristo!* É claro que em seguida, tenho outra escala de prioridades: minha família; meu trabalho; etc. No entanto, repito, o número 1 em minha vida é e sempre será Jesus Cristo.

Sou famoso e possuo muitas riquezas, mas meu coração não está nelas. Jesus falou para acumularmos riquezas no céu e não na terra, então essa é a minha forma de viver. Tudo o que falo hoje como Kaká, jogador da Seleção, falo, em primeiro lugar, como Kaká — um servo de Deus.

Os valores eternos valem mais do que os terrenos; e somente a alma sobreviverá. Meu principal objetivo é acumular riquezas no céu, e sei que cada alma salva por Jesus Cristo, vale muito mais do que qualquer riqueza deste mundo.

Por isso meu caro leitor, busque os valores eternos e, lembre-se que a nossa passagem nesta terra é curta, porém o nosso espírito viverá eternamente.

"Deus está montando um time na terra, e, a sua vida está em jogo."

Você pode escolher entre assinar um contrato com o "time de Deus", recebendo Jesus como seu *treinador* ou viverá a eternidade separado dele, pois Jesus veio ao mundo para perdoar seus pecados e trazer-lhe salvação eterna.

"Nunca me arrependi por ter tomado esta decisão!"

Se você ainda não assinou o contrato, leia-o novamente e faça parte deste time de campeões do *Jogo da Vida*!

Cláusula 6

CONTRATO SIMBÓLICO

CONTRATO PARA SER CAMPEÃO DO JOGO DA VIDA

Aprendemos que desde a criação Deus está montando um time aqui na terra; o time dos campeões eternos!

Vimos que hoje para fazermos parte deste time e sermos campeões do Jogo da Vida, precisamos assinar este novo contrato (novo acordo) que Deus fez com a humanidade.

Aprendemos sobre os fundamentos básicos da fé, sem os quais jamais poderemos jogar e vencer o Jogo da Vida!

Aprendemos que o mundo é como um *estádio de futebol* onde há duas torcidas; uma que torce a nosso favor e outra adversária. E a vida é como um "jogo." Uns jogam mais, outros menos (uns vivem mais, outros menos), e mesmo que você não queira; você faz parte deste *jogo!*

Você precisa tomar uma decisão. Faça sua escolha!

Ou você joga no *time de Deus* e garante o *troféu*, que é a Vida Eterna por intermédio de Seu filho Jesus; ou fica fora da *grande convocação* no dia final, quando Jesus voltará para buscar *Seus atletas.*

Como fazer isso? Propondo-se a assinar, pela fé, este novo contrato que Deus ofereceu para toda a humanidade.

Agora que você já conhece este contrato, considerando esta proposta, analise as cláusulas e veja se vale a pena assinar!

Se você não concordar e quiser continuar como está, não o condeno, mas por amor a Deus e a você mesmo, analise-o bem.

A mensagem deste Contrato que Deus lhe ofereceu não foi escrita ou oferecida pelo autor, mas pelo próprio Deus e por Seu Filho Jesus!

Ao assinar este CONTRATO com Deus, você notará diferença em sua vida e também na de seus familiares; em seu casamento e nos relacionamentos com as pessoas que você ama.

O PRESIDENTE deste time é Deus; Ele pagou um alto preço pelos *direitos federativos* de cada atleta: Custou o sangue do Seu Filho Jesus, que deu Sua vida por nós, morrendo a nossa morte.

Somos pecadores e merecemos a condenação, pois fomos nós que ofendemos a Justiça Divina. Ela precisava ser satisfeita porque Deus é amor, mas Deus também é justiça!

Para satisfazer a justiça do Deus Santo, o sacrifício de um pecador não era suficiente. Consequentemente, ficamos sem saída e endividados com o nosso Deus! Entretanto, Ele mesmo pagou o preço do nosso pecado e satisfez a Sua Justiça através do sacrifício do Seu próprio Filho que, sem pecado, morreu em nosso lugar para que pudéssemos ter vida!

O TREINADOR deste *time* é Jesus!

O sacrifício de Jesus Cristo na cruz foi suficiente para pagar o preço do pecado de toda humanidade, mas só é eficiente na vida daquele que crê e se submete ao Seu senhorio, pois Jesus é o *Treinador dos Treinadores*.

É Ele quem nos ensina a sermos *Campeões do Jogo da Vida*, pois Jesus foi o maior *craque* que já pisou na face da Terra; jogou como ninguém!

O Campo onde Ele jogou a *Grande Final* foi a Via Dolorosa, a *coroa* que Ele recebeu era *de* espinhos, o *Troféu* foi a cruz, e o *Prêmio* a morte.

Mas Ele marcou o *Gol Decisivo* vencendo a morte; e depois de ressuscitar dentre os mortos ao terceiro dia, tornou-se o maior

Contrato simbólico

Craque do Universo. Este CONTRATO que Deus lhe propõe é diferente de qualquer outro que você já viu, ele foi escrito não com tinta de caneta, e sim com o precioso sangue do Seu Filho!

Após Jesus subir aos céus, Ele nos enviou o Seu Espírito — o PREPARADOR que torna possível vencermos o *Jogo da Vida* na força da fé. Por nós mesmos jamais venceríamos, somente Ele nos dá a vitória!

Por essa razão, eu o aconselho, se possível for, ter um exemplar das Escrituras Sagradas em mãos para conferir se tudo o que foi ensinado até aqui é verdadeiro.

Para fazer parte deste *time:*

- Você precisa crer no sacrifício de Jesus Cristo por seus pecados,
- Crer em Sua Palavra,
- Crer na Vida Eterna que Ele oferece,
- Crer que Ele está vivo,
- Render-se a Ele e à Sua Palavra.

Assine agora mesmo, simbolicamente, o seu CONTRATO com o time de Deus, e saiba que ao fazer isso, a partir de agora você é um campeão no *Jogo da Vida.*

Sim, eu creio!

Ass:_____